취업준비생을 위한 면접가이드

면접 공략 12일

크라운출판사
http://www.crownbook.com

들어가는 글

[당장 다음 주 내가 너무나 원하는 회사의 면접 기회가 왔다면, 오늘부터 어떻게 준비하시겠습니까?
계획을 먼저 세우겠지요? 어떻게 계획을 세우겠습니까?
영어나 전공시험 준비처럼 막힘없이 계획이 되나요 ?

막상 면접 날짜가 잡히면 우리는 면접 준비를 위해 책상에 앉아있기는 하지만, 정작 준비다운 준비는 하지 못합니다. 계획표부터 어려움을 느끼거나 시작을 어떻게 해야 할지 막막하기 때문입니다.] …책 내용 중에서

질문) '면접 준비는 어떻게 해야 하는 걸까? 방법만 알면 열심히 노력하는 것은 자신 있는데.'라고 생각되나요?

질문) '면접은 기출문제 찾아서 답변 암기하고, 지원 회사에 대해서 인터넷 좀 찾아보고 가면 합격하겠지.'라고 확신하시나요?

⇒『면접공략 12일』: 계획표 순서대로 구성되어 있습니다.
순서, 시간, 분량 모든 것을 명시했습니다.
면접대비, 이제 시간 낭비하지 마십시오.

기업강의, 면접코칭 그리고 대학 외래교수로 활동하면서 매 시간 최선을 다할 수밖에 없는 이유는 제 강의에 귀 기울여 주는 분들 대부분이 인생의 큰 전환점에 있기 때문입니다. 신입, 이직, 승진, 퇴직 등 다음 단계로 멋지게 뛰어넘기 위해 각자의 위치에서 필사적인 분들이기에, '어떻게 하면 될까?'를 함께 연구하게 됩니다. 누구나 소중한 자신의 인생에서 최고의 결과를 위하여 노력하지만, 모두가 이뤄내지는 못합니다. 그렇다면 여러분의 노력을 성공으로 이끄는 것은 무엇일까요?

투자, 열정, 긍정적 사고, 스펙과 같은 개인요소는 물론, 운, 경제상황, 시기 등의 환경요소에 이르기까지, 수많은 변수가 복합적으로 작용합니다.

하지만, 이 모든 것을 갖춘 사람은 취업을 준비하지 않습니다. 우리의 경쟁자들은 모두 정도의 차이로 부족함이 있는 상황에서, 자신의 장점을 극대화하고 약점을 최소화하여 최선을 이루어, 성공의 확률을 높이는 것입니다.

저는, 사기업 · 공기업 · 자영업체 및 공직에 이르기까지, 다양한 조직의 구성원과 협업하고 교류하면서, 취업성사 과정을 수없이 지켜보아 왔습니다. 취업성공자들에게서 '현명한 전략과 집념'이란 공통요소를 발견할 수 있었습니다. 특히 면접은 채용의 수요자와 공급자 각각의 입장에서, 상대의 실제적 필요를 파악하고 충족시켜 성공을 이룬다는 관점에서, 더욱 현명하고 전략적인 대처가 중요합니다.

윤아(강사한테 맡기면) 잠(재된) 실(력)을 끌어내준다는 의미로 지인이 붙여준 저의 닉네임 '윤아잠실'. 이제 여러분의 잠실을 집대성하겠습니다.

차례

면접 :
면접전형을 왜 실시할까요?

interview

1장
면접이란 무엇인가?

합격하는 그 날까지!! 밀어 붙여 봅시다!!

이 책을 펼치며 “3개월이나 공부하는거야?”라고 의아하게 생각하는 분도 있으시고, ‘3’이라는 숫자에 큰 의미를 두지 않는 분도 계실 겁니다. 책 활용법은 3장에서 자세하게 안내하겠지만, 그 기간에 매일 공부하는 것이 아니기 때문에 미리 걱정하지 마시고, 편안한 마음으로 1장 ‘면접이란 무엇인가?’를 읽어주세요.

자신 있게 말씀드릴 수 있는 점은 면접 준비를 위해서 별도로 계획을 세우지 않아도 되고, 시간이 오래 소요되지 않도록 준비하였다는 것입니다. 취업을 위해 자격증, 외국어, 자기소개서 등 해야 할 일과 걱정할 일이 많은 일상을 누구보다 잘 알고 있습니다. 그래서 면접 대비 상세 계획은 제가 모두 준비했습니다. 취업 준비생이 할 일은 합격하겠다는 열정으로 10장까지 차분하게 진행하는 것입니다.

다시 한 번 주의 사항 안내드립니다.

마음을 급하게 가지지 말고, 책과 대화를 한다는 느낌으로 읽어주세요.

'이 내용은 무슨 말인지 대충 알 거 같아. 다음 장으로 넘어가야지.', '이번 단락은 나와 상관없는 부분이네. 다음 장으로 넘어가야지.'라고 생각하면서 넘어가면 안 됩니다.

앞사람과 대화를 하고 있다고 상상해 보세요. 다음 장으로 넘긴다는 말은 앞사람의 말을 중간에 자르는 행동과 같은 것이겠죠?

여러분과 저는 책으로 만나고 있지만 책은 중간 매개체일 뿐입니다. 면접코칭을 할 때 전달되는 내용은 정보전달도 있지만, 기-승-전-결로 흐름이 있을 때도 있습니다. 모든 내용이 면접에 대한 감각을 갖도록 하는 데 필요한 내용들이기 때문에 건너뛰는 부분 없이 읽어주세요.

특히, 1장 '면접이란 무엇인가?'는 면접과 나를 가깝게 하는 시간입니다. 소설책이나 만화책을 읽을 때처럼, 내용에 빠져들어 흐름을 타야 합니다. 그렇다고 만화책처럼 대충 훑고 넘어가시면 안 되고, 가벼운 마음으로 읽으시되 나의 생각과 어떤 부분이 다른지 천천히 생각하십시오.

질문 하나 하겠습니다.

" 지원하고 싶은 회사가 뚜렷하게 있습니까? "

뭐라고 대답했을지 궁금한데요.

“네, 꼭 가고 싶은 회사가 있습니다.”, “네, ○○기업에 지원하기 위해서 ＊＊을 준비하고 있습니다.”라고 대답하는 취업 준비생보다는 “글쎄요.”, “아직 못 정했어요.”, “면접 합격하는 곳으로 가야죠.”라는 답변이 훨씬 많을 겁니다.

면접코칭을 할 때, 면접 준비생과 제가 처음 만나는 시점이 다양합니다. 아래 세 가지 중에서 언제가 가장 많을 것 같나요?

1) 한 학기 이상 졸업을 남겨두고

2) 원서 접수를 한창 하고 있을 때

3) 서류 합격 후 면접을 앞두고

예상하셨겠지만, 3번이 가장 많습니다.

1) 1 : 1 코칭보다는 강의를 할 때 주로 만나게 되는데요. 요즘 대학에서는 자기소개서, NCS, 면접 등 입사에 필요한 다양한 주제로 특강을 많이 합니다. 캠퍼스에서 특강 일정이 안내된 현수막을 본 적 있으시죠? 강의를 가보면 대학교 1학년 학생도 어렵지 않게 만날 수 있습니다. 취업이 어렵다는 의미의 신조어들이 매년 생겨나는 시대상을 반영하듯이 1,2학년 학생들도 집중해서 강의를 듣고, 정보를 수집합니다. 이렇게 면접 특강은 관련 정보를 경제적 부담 없이 들을 수 있는 좋은 기회입니다.

2) 면접 전형에서 경쟁력이 떨어진다고 확신하는 분들이 저를 찾아옵니다. 보통 평소 말을 하는 것에 대한 두려움, 발표 경험 부족, 전공과 무관한 회사로 취업 준비, 모의 면접에서 낮은 점수를 받은 경험, 면접에서 탈락한 경험이 있는 경우가 많았습니다. 아무래도 경쟁자들보

다 경쟁력이 떨어진다는 것이 신경 쓰여서 면접을 일찍 준비하고 싶어 합니다.

3) 그야말로 면접이 코앞인 상황입니다. 대부분의 기업이 서류합격자 발표가 나고 면접까지 길어도 2주 이내에 진행이 되는데요. 짧으면 일주일 이내에 진행되기도 합니다. 수요일쯤 서류합격 전화가 오고, 다음 주 월요일 면접이라고 한다면 남은 시간은 4일이 되겠지요.

면접이란 무엇인지에 대해서 아직 본격적으로 이야기를 시작하지 않았지만, 우리는 면접이 무엇인지 대략적인 의미는 알고 있습니다. 면접관에게 '나야말로 귀사에서 찾고 있는 바로 그 인재'라는 확신을 줘야 하는데, 여러분이라면 면접 준비를 몇 번에서 시작하시겠습니까?

질문을 바꿔 보겠습니다.
이 책을 읽는다는 것은 저와 면접 준비를 시작한다는 것이겠지요?
지금 이 순간, 몇 번에 해당되십니까?

3)보다는 1)번 내지 2)번이라고 말씀하신 분이 많을 겁니다.
제가 집필을 시작한 이유도 여기에 있습니다.
'책으로 면접코칭을 받을 수 있다면 취업 준비생은 시간과 비용 모두 부담을 줄일 수 있으니 조금 더 일찍 준비를 시작할 수 있지 않을까?'라고 생각한 것이 집필의 계기입니다.

'조금만 더 일찍 면접코칭을 시작했다면……' 하고 늦게 만난 것이 아쉬웠던 분들이 너무나 많았기 때문에, 지금 1)번과 2)번을 선택하셨다면 3개월 동안 포기하지 마시고, 저와 함께 노력하셨으면 좋겠습니다.

3)번을 선택한 분이라면 지금 1분도 허투루 쓰면 안 되기 때문에, 복잡한 생각은 접으시고 지금까지 준비한 것을 이 책으로 복습하면 되겠습니다. 필요한 부분을 발췌하면 흐름이 깨질 수 있습니다. 면접이 1주일 이내로 남아 있더라도 1장부터 차근차근 읽으면서 그동안 준비한 답변들을 적용시켜 보십시오.

어느 시점이던지 면접 준비를 시작하기도 전에 고민부터 하는 분들이 많습니다. "회사가 아직 미정인데.", "전공하고 다른데 괜찮을까?", "다들 스터디 하던데 나만 안 해도 되나?" 등 고민거리도 다양합니다. 물론, 그러한 고민은 필요합니다.

그런데, 고민을 계획적으로 순서를 정해서 하면 면접에 도움이 되지만, 그렇지 않다면 자칫 불안감만 커질 수 있습니다. 지금도 이런저런 고민을 하면서 책을 읽고 계시다면, 우선 시작하라고 말씀드리고 싶습니다. 면접 준비가 진행되면서, 고민이 줄어들고 생각이 정리될 것입니다. 그리고 그 내용을 토대로 답변을 하게 됩니다.

지금까지 말씀드린 내용을 정리하면 2가지입니다.

* 취업 면접 준비는 언제 시작하는 것이 좋습니까? – " 지금 "
* 지원하려는 회사 및 부서를 결정하지 못했는데 시작해도 되나요? – " 네 "

저는 면접과 관련된 일을 중점적으로 하고 있는데요. 대기업/중소기업/공기업/입사면접/진급면접/면접관교육 등 모든 분야에서 지원자들이 가장 많이 하는 질문이 있습니다. 나이, 직업 상관없이 똑같은 질문을 많이 받습니다. 여러분이 생각하기에 1위가 뭘까요?

"면접 준비는 어떻게 해야 하는 건가요?
뭐를 어떻게 하면 되는지만 알면 할 수 있을 것 같은데요."

우리가 이 책을 통해 만나게 된 이유도 1위 답변을 알기 위해서가 아닌가 싶은데요.

'면접은 시작을 어떻게 해야 하는지 모르겠다.'부터 '면접을 몇 번 떨어졌는데, 무엇이 문제인지 모르겠다.'까지 면접이라는 말은 알지만, 방법을 모르겠다는 공통적인 내용이었습니다. 방법을 모르기에 → 계획을 세우기도 힘들고 → 주먹구구식으로 연습해서 → 면접을 보고 → 떨어지면 → 무엇이 문제인지를 모르게 되는 악순환이 되는 것입니다.

힘들게 얻은 면접 기회를 놓치지 않도록 하는 첫 단추는 '면접이 무엇인지 제대로 이해하는 것'입니다.

그럼, 면접이라는 것부터 우리 짚고 넘어가겠습니다.

우리가 알고 있는 면접은 무엇입니까?

면접관 앞에서 나의 생각을 말하는 것이고, 한번 뱉은 말은 담을 수도 없으며, 굳게 다문 입술은 감점요인이 된다는 것 등을 우리는 알고 있습니다.

그렇다면 당장 다음 주 내가 너무나 원하는 회사의 면접 기회가 왔다면, 오늘부터 어떻게 준비하시겠습니까?

계획을 먼저 세우겠지요? 어떻게 계획을 세우겠습니까?

영어, 전공시험 준비처럼 막힘없이 계획이 되나요?

막상 면접 날짜가 잡히면 우리는 면접 준비를 위해 책상에 앉아 있기는 하지만, 정작 준비는 많이 못합니다. 계획표부터 어려움을 느끼거나 시작을 어떻게 해야 할지 막막하기 때문입니다. 계획표를 작성하고 계획대로 진행하다가 저를 만나는 분도 계셨는데요. 아쉬웠던 점은 그 계획표가 단계별로 개선되도록 작성되기보다는 모의 면접을 하는 내용이 많았다는 것입니다.

예를 들면, 「매일: 예상문제 연습하기, 화요일: 면접 A 스터디 2시간, 토요일: 면접 B 스터디 2시간」과 같은 경우였는데요. 이것은 모의 면접 시간표에 가깝습니다. 이러한 방법은 고등학교 3학년 때, 수능 모의고사 문제만 매일 혼자서 풀고, 화요일과 토요일은 학교에서 모의 수능 시험을 보는 것과 같습니다.

모의고사는 평소 체계적으로 공부한 것을 점검하는 시간으로 부족한 점이 무엇인지 찾을 수 있는 시간이었습니다. 최종 점검을 하는 방법인 것이죠. 그런데 면접을 처음 준비하면서 기초 학습도 없이 기출문제만 푸는 것과 같은 비효율적인 방법을 사용하게 되면, 실전에서 질문이 조금만 바뀌어도 답변의 어려움을 느낄 수 있습니다.

잠시 고등학교 시절 수학시험 시간으로 가 보겠습니다.

수학시험을 보고 있습니다. 수학 문제지를 떠올려 보세요. 이번 시험은 30문항이네요.

1~10번까지 문제와 뒤에 11~30번까지 나오는 문제 중에서 어느 쪽 문제가 쉬웠습니까? 그렇죠. 아무래도 1~10번을 더 쉽게 풀 수 있었지요. 보통 번호가 앞쪽에 출제되는 문제는 어떤 공식을 활용하면 되는지 문제를 보자마자 머리보다 손이 먼저 움직일 정도로 쉬운 문제들이

배치됩니다. 공식 1개로 풀 수 있는 문제도 있었지요. 반면에, 번호가 뒤로 갈수록 문제 지문도 길어지고, 2가지 이상의 공식을 사용해야 답이 나오는 문제가 많았습니다.

그렇다 보니 수학을 못하는 친구들은 수학 문제집을 풀 때도 지문이 긴 문제를 보면 잠시 고민하며 풀다가 '어려운 문제일거야.'라고 빠르게 포기하고 해설집을 펼치는 경우가 많지요. 문제의 배치와 지문 길이가 '내가 모르는 문제구나.'라고 확신을 하게 만듭니다.

그런데, 어려운 문제일 거라고 생각했는데, 막상 해설집을 보니까 '아, 이거 나 아는 건데.', '이거 쉽네.'라고 느꼈던 경험 있으시죠? 공식을 정확하게 외우고 있었는데, 깜빡 잊어버린 것이라고 생각했었죠. 1주일 뒤에 틀린 문제만 다시 풀었을 때 또 틀리는 나를 보면서 깨달습니다. 그 문제를 틀리는 것은 단순하게 그 공식만을 깜빡해서가 아니었습니다.

단순하게 그 문제의 공식을 아느냐 모르느냐의 문제가 아니라 해설집에는 중요하게 기록되지 않고 자연스럽게 넘어간 풀이 중에서 내가 모르는 수학적 이론이나 공식이 있을 확률이 높습니다. 이렇게 작년, 재작년에 배웠어야 하는데 공부하지 않은 부분이 많아지면서 학년이 올라갈수록 수학을 포기하는 학생이 늘어나는 것입니다.

수학 점수를 올리기 위해서는 기출문제를 반복해서 푸는 것으로 되지 않고, 수학적 사고에 대한 나의 상태를 냉철하게 바라볼 수 있어야 하며, 장기적으로 계획을 세워야 합니다.

가장 먼저 해야 할 일은 수학을 접했던 초등학교부터 지금까지 배운 모든 수학 단원을 적어보고, 그중에서 확실하게 내 것이 되지 못한 단원을 표시합니다. 그리고 가장 위에 표시된 것부터 하나씩 학습하셔야 합니다. 10년 전에 배운 수학문제부터 보다 보면, 시간이 오래 걸릴 것입니다. 지금 수학 문제를 푸는 데 있어서 꼭 필요한 것 같지 않다고 느낄 수도 있습니다. 열심히 수학 공부를 해도 점수가 올라가지 않는 분에게 권하고 싶은 방법입니다. 학습 결손을 그대로 방치하게 되면서 그것이 쌓여 지금의 수학 점수가 된 것이기 때문입니다.

면접 기출 문제만 연습한다고 될까요?

면접 선배들은 면접을 앞두고 관련 정보를 어디에서 주로 찾았을까요?

인터넷 검색입니다. 그리고 아래의 1, 2, 3번 순서로 연습한다는 답변이 가장 많았는데요.

1) '취업000', ' **면접의상', '00기업 합격자 후기' 등 심혈을 기울여 검색어를 정하고, 카페 가입이나 학교 홈페이지를 통해 정보를 모읍니다.

2) 인터넷에 있는 글을 모아서 면접 기출문제와 합격자 답변을 정리하고 읽으면서 "이 정도는 나도 말할 수 있어.", "나도 이렇게 말하면 되겠네."라고 생각합니다.

3) 1)번과 2)번의 내용을 토대로 예상 질문의 답을 만들고 암기합니다.

어떤가요? 괜찮은 방법이라고 생각하십니까?

위의 면접 연습방법과 수학공부 못하는 학생의 공부방법이 비슷하다고 생각되지 않나요? 공식으로 이루어지는 수학조차도 학년이 높아질수록 공식만 암기해서 고득점을 받기는 어렵습니다. 하물며 나를 표현해야 하는 면접은 어떻겠습니까? 안타깝게도, 많은 취업 준비생들은 면접을 수학공식처럼 생각합니다.

수학공식을 몇 개 외워서 문제에 대입해 보고 잘 안되면, 해설집을 보는 모습과

≒?

면접 예상문제 몇 개 외워서 연습하고, '예상문제에서 안 나오면 어떻게 하지?'라고 걱정하는 모습이 비슷하지 않나요?

수학 응용문제를 풀 수 있으려면 수학 전반적인 이해가 필요하듯이,

면접 합격을 위해서는 예상 문제 몇 개 외우는 것이 아니라, 면접에 대한 전반적인 이해가 필요합니다. 그렇게 했을 때, 다양한 면접 질문과 유형을 대비할 수 있습니다.

"면접은 답이 정확하게 있는 수학이 아닙니다.
암기과목도 아닙니다".

기업마다 직원을 뽑는 방식은 다릅니다. 비슷한 부분을 꼽자면 모집 전형에서 면접은 가장 마지막 단계에서 진행된다는 점입니다. 서류와 필기시험으로 업무해결능력이 있는지를 평가했다면, 면접에서는 회사의 일원으로 적합한지를 확인합니다.

회사의 일원으로 적합한지를 확인한다는 것은 어떤 의미일까요?

예를 들어보겠습니다.

남동생이 결혼하고 싶은 여자를 소개시키기 위해 집에 데리고 왔다고 해보죠.

아버지, 어머니, 나 이렇게 가족 모두가 우리 가족이 될지도 모르는 그분을 보기 위해서 음식도 준비하고, 옷도 깔끔하게 입고 기다렸습니다. 남동생은 평소에 여자 친구가 어떤 성격이고, 어떻게 만났는지 전혀 말을 안 했기 때문에 더 궁금했습니다. 드디어, 집에 벨 소리가 나고 남동생이 여자 친구와 거실로 들어왔습니다. 우리 가족은 여자분을 보자마자 놀랐습니다. 한국말을 못하는 호주 사람이었습니다. 남동생이 호주 어학연수 시절에 만났다고 말합니다.

이때, 인사만 받은 상태에서 어머니는 그 여자분을 마음에 들어 할까요? 만약 마음에 안 들었다고 생각한다면 이유는 무엇일까요?

당연히 대화를 나눠 보기 전이라서 여자분에 대해서 판단을 내리기에는 이른 감이 있습니다. 하지만, 어머니는 '한국말을 못하면 대화도 안 되고, 문화도 안 맞는데 괜찮을까? 제사는 어떻게 하지?' 등 우리 집과 모든 면에서 안 맞을 것 같다며 걱정을 하십니다. 그래도 식사를 하면서 여러 대화를 나누다 보면, 다행히 '우리 가족과 생각이 비슷하고, 가족으로서 서로 불편함이 없을 수도 있겠다.'라고 좋게 생각하실 수도 있을 겁니다.

간단하게 상황 설정을 해보았는데요. 드라마에서 너무나 자주 나오는 장면이지요? 결혼을 앞두고 가족에게 소개시키고, 부모님은 여러 이유로 반대하는 모습이었습니다. 드라마에서는 여자 친구가 돌아가고 난 뒤에 부모와 자녀의 생각 차이로 싸움이 생기기도 하지요. 자녀는 부모에게 보수적이라고 합니다. 부모는 자녀에게 "너 같은 애를 나중에 낳아라."라고 말씀하시며 속상한 마음을 표출하십니다.

회사도 마찬가지입니다.

근무하는 시간이 집에 있는 시간보다 길고, 회사 동료들과 나누는 대화 시간이 가족보다 많을 때도 있지요. 그렇게 오랜 시간을 함께하는 구성원끼리 말이 안 통하거나 업무처리 방식이 맞지 않는다면 문제가 발생하게 됩니다. 실력이 있어도 말이 통해야 업무가 진행되기 때문에 회사 입장에서 실력은 필수이고, 회사에 잘 적응할 수 있는 사람을 뽑고자 합니다.

다시 남동생이 여자 친구를 부모님께 소개시키는 상황으로 가 보죠.

호주 국적의 한국말을 못하는 여자 분은 첫인상으로는 남자 친구 부모님께 좋은 점수를 받지 못한 것은 본인도 잘 알고 있겠지요? 그렇다면, 부모님께 결혼 승낙을 받기 위해서 어떻게 해야 할까요?

1) 아무 생각 없이 정말 얼굴만 보여주러 왔다면 ~~~NG

2) 한국말로 "잘하겠습니다.", "한국말 배우겠습니다." 말만 반복한다면 ~~~ NG

3) 한국 드라마에서 며느리들의 모습을 유심히 보고 기억했다가, 어색하더라도 다과 준비를 돕는다. 한국말을 못해도 남자 친구를 좋아하는 이유와 앞으로 결혼 생활에 대한 생각 등을 번역기나 남자 친구의 도움으로 연습해서 떠듬떠듬이라도 말씀드린다.

3)번은 인사 온 당일 결혼 승낙까지는 아니어도 지켜보고 싶은 마음은 들 것 같지 않나요?

앞에서 회사와 비유했던 것처럼 이번에는 여러분이 위의 상황과 회사가 어떤 면에서 비슷한지 적어보겠습니다. 1), 2), 3) 번을 회사의 면접 상황으로 적용시켜서 적어보세요.

1)
2)
3)

작성하는 데 어렵지 않으셨나요?

대학에서 취업캠프로 학생들과 만났을 때, 위에서처럼 3개의 상황이 아니라 선택지 7개를 주면서 심리평가처럼 진행을 했었는데요. 물론, 무엇을 평가하는 것인지는 말하지 않고 진행했습니다. 이 책에서는 빠른 이해를 위해서 구분이 명확하게 되는 3개의 선택지로 했는데요. 1)번과 3)번 사이에 4개를 더 넣으면 신기하게도 3)번에만 집중되지 않고, 골고루 선택을 합니다. 선택한 번호를 보면 신기하게도 면접에 임하는 자세를 조금은 엿볼 수 있습니다.

면접에 임하는 최적의 자세를 위해, 좀 더 욕심을 내서 내가 여자 친구의 입장이 되어 3)번보다 더 괜찮은 4)번의 답을 잠시라도 찾아본다면 좋겠지요.

1) 회사 면접을 앞두고 마음가짐이 가장 중요하다는 생각으로 '면접장에 가서 질문에 솔직하고 씩씩하게 대답한다면 내가 괜찮은 사람이라고 알아봐 주겠지.'라고 믿으며, 체계적인 준비 부분에서 부족함이 있습니다.

2) 면접에 대한 특강도 들어보고, 관심도 가지고 있다고 믿지만 열정에 비해서 노력이 다소 부족합니다.

3) 다른 면접생과 비교했을 때 부족함이 많다고 느끼며, 회사에 필요로 하는 인재가 되기 위해서는 무엇이 필요한지 찾아보고 그것을 어떻게 표현할 것인지 연구합니다.

면접은 사람이 사람을 평가합니다.
면접은 처음 보는 사람을 짧은 시간에 평가합니다.
→ 설득

그렇기 때문에, 내가 준비된 인재라는 것을 설득시켜야 합니다.

홈쇼핑 방송을 본 적 있나요? 홈쇼핑 방송에서 시청자들에게 상품을 설명하면서 구매를 유도하는 사람을 쇼호스트라고 부릅니다. 방송을 하는 사람이니까 방송인이면서도, 물건을 판매하기에 영업을 한다고도 볼 수 있겠군요. 판매율에 따라 연봉이 결정되는 것이 그 직업의 특징이죠. 이처럼 쇼호스트는 방송되는 그 모든 시간이 본인의 능력을 평가받는 시간이기 때문에 매진을 위해 끊임없이 제품을 분석하고, 방송이 끝나기 1초 전까지도 판매를 위해 노력합니다. 그렇게 급박한 시간에 쇼호스트는 어머님들이 좋아하는 드라마 이야기나, 친구 이야기, 어제 실수한 이야기 등 수다를 떠는 것처럼 말할 때가 많습니다.

이상하지 않습니까? 판매를 하려면 제품의 장점을 반복해서 강조해야 하지 않을까요? 어떻게 생각하시나요? 내가 쇼호스트라면 어떻게 판매하시겠습니까?

제 3자의 입장이 아니라 우리가 일일 쇼호스트가 되어 매진을 시켜봅시다.

지금 여러분은 홈쇼핑 쇼호스트입니다.

오늘 판매 상품은『고 등 어』

고등어가 1개씩 낱개 포장이 되어 있는데요. 20개 묶음을 1분 동안 판매하는 겁니다. 방송시간은 1분이므로 시작하면서 오프닝 멘트 1~10초, 방송 끝 무렵에 클로징 멘트 1~10초 정도로 하면 됩니다.

내가 할 멘트를 전부 적어보세요.

※ 주의사항: 실제 쇼호스트라고 생각하고 방송하듯이 작성하세요.

오프닝 멘트부터 클로징 멘트까지 1분 분량으로 작성하세요.

오프닝멘트

구매하고 싶도록 만드는 설득멘트

클로징멘트

이번에도 3가지 유형으로 나눠 보겠습니다. 내가 작성한 멘트는 몇 번에 가깝습니까?

1) 인사 후에 바로 제품에 대해서 나열식 설명 판매

오프닝 안녕하세요. 오늘 만나보실 상품은 고등어입니다.
20개 묶음입니다. 싸고, 맛있습니다. ..(중간생략)...
고등어가 싱싱해서 가족들이 좋아할 겁니다.

클로징 지금 전화하세요.

2) 인사 후에 이야기만 하다가 클로징 특별히 없이 끝내는 판매

오프닝 안녕하세요. 오늘은 고등어로 인사드립니다.
고등어가 몸에 참 좋다고 그러죠. 우리 가족도 생선을 좋아해서 일주일에 3번은 먹는 것 같습니다. ....(중간생략)...

클로징 이렇게 몸에 좋고 맛 좋은 고등어 사세요.

3) 인사 후에 시청자를 분석해서 니즈를 파악하고, 그것을 해결할 수 있는 방법을 연구하여 설득력 있게 이야기함으로써, 시청자가 구매자가 되도록 만드는 판매

오프닝 안녕하세요. 벌써 정오가 지났네요. 우리 어머님들 오늘 저녁반찬은 뭐 하실 건가요?
매일 똑같은 것 먹을 수도 없고, 매일 다른 음식하기 귀찮고 힘드시죠?
그래서 어머님들을 위해 준비했습니다.
바로 고!등!어!입니다.
고등어 마트에서 사면 흰 봉지에 담겨서 냉동실에 오래두면 냄새나서 짜증나셨죠?
자! 이것 보세요. 1개씩 낱개 포장이 되어 있어서 냉동실에 오래 두어도 냄새 걱정 뚝!
저녁 준비 귀찮다고 가족 건강 안 챙길 수 없으니 그럴 때 고등어 1팩씩 꺼내서 드세요. 오래 드시라고 20개씩 보내드립니다. 3개월은 거뜬하겠어요.

클로징 가족의 건강도 지키고, 냉동실 냄새도 걱정 없는 센스 있는 주부가 되어 보세요. 지금이요!

회사 면접도 마찬가지입니다. 면접에서 판매상품은 무엇입니까?

그렇죠. 인재라고 설득시켜야 하는 대상은 바로 '나'입니다. 다른 지원자와 차별되는 나만의 장점을 1) 번처럼 나열하는 것보다는 3) 번처럼 회사와 직무에 대해서 분석하여 그들이 필요로 하는 부분을 내가 갖추고 있음을 설득력 있게 말할 때 합격할 수 있습니다.

지금까지 1장. '면접이란 무엇인가?'에서는 면접을 준비하는 자세와 방향을 이해하는 데 중점을 두었습니다. 면접은 '설득이구나. 설득!' 이렇게 암기하는 것이 아니라, 회사에서 면접을 진행하는 이유를 면접관의 입장에서 이해하는 시간이 되었기를 바랍니다.

interview

2장 접근방법

1장을 읽고 기억에 남은 내용과 면접에 대한 주관적인 생각을 적어봅시다.

기억에 남는 내용
면접에 임하는 마음가짐

빈 공간이 가득 차도록 적어보셨나요?

뒤죽박죽 입력된 1장의 내용을 차분하게 적어본다면, 면접에 대한 나의 생각이 정리되는데 도움이 됩니다. 혹시 글로 적지 않고 생각만 하셨다면 꼭 적어보십시오.

2장에서는 기업/직무/전형에 따른 면접 접근을 하려고 합니다.

[1] 기업별

강소기업, 공기업, 대기업, 벤처기업, 상장기업, 외국계기업, 중소기업, 중견기업 등 기업별로 나누었을 때 내가 지원하고자 하는 곳은 어디에 속하나요?

대답을 못 한 분들은 이유가 무엇일까요? 아직 회사를 결정하지 못해서 선택을 못 했을 수도 있지만, 원하는 회사가 있는데 단어의 의미를 몰라서 답을 못하신 분도 있으실 겁니다. 대답을 하신 분들도 내가 선택한 분류가 아니라고 하더라도 단어의 의미는 모두 알고 계셔야 하는데요.

강소 vs 중소 vs 중견

예를 들어, 강소기업, 중소기업, 중견기업의 차이점을 답변하실 수 있습니까?

선택하지 않은 것도 정확하게 의미를 알고 있을 때, 내가 선택한 것에 대해서 명확하게 답변하는 데 도움이 됩니다. '벤처기업이 무엇인지 대충 알겠는데, 나는 거기 지원할 거 아니니까 이건 놔두겠어.'라고 넘기지 마십시오.

우리의 목표는 '내가 지원하게 될 기업은 ○○기업에 속하는데, xx기업과 다른 점은 어떤 것이 있으며, 그렇기에 ○○기업이 나에게 맞는다.'라는 의견을 말할 수 있도록 하는 것입니다.

그렇다면, 내가 속한 곳만 알아서는 안 되겠지요. 모르는 것을 하나씩 찾아서 학습할 수 있도록 아래 공간을 마련하였습니다. “개념을 책에 깔끔하게 정리해서 보여주면 번거롭게 찾지 않아도 되고 편한데 왜 찾으라고 하십니까?”라고 질문하고 싶은 분도 있으실 겁니다. 저 역시 면접코칭을 할 때 기업별 분류표를 깔끔하게 정리해서 요점이 잘 보이도록 컬러 출력해서 주었던 적이 있습니다. 해당 대표 기업명과 연봉까지 적느라 많은 시간을 할애하여 만든 자료였지요. 취업 준비생이 가장 좋아했던 자료 중 하나였습니다. 그런데 그 자료를 몇 해 전부터는 사용하지 않습니다.

시간을 절약시켜 주었다고 생각했던 정보 전달 자료들이 면접에서 답을 할 때는 암기하듯이 답변이 나오는 부작용이 자주 발생했기 때문입니다. 이렇게 제가 자료를 표로 넣지 않은 과정을 설명하는 이유는 면접 학습방법과 연관 있기 때문입니다. 책에 적혀있는 것을 읽고 외우면 암기과목이 됩니다. 적혀있는 것만 암기하게 되고, 그렇게 되면 다른 사람과 차별성도 없게 됩니다. 작성할 때 자료를 찾아서 그대로 받아 적기만 한다면 의미가 없습니다.

아래의 순서로 작성하신다면, 나만의 정리표가 될 수 있습니다. 정확하게 알고 있는 것은 제외하고, 새롭게 학습하는 내용만 작성하십시오. 위의 예시 외에 다른 분류가 있으면 그것으로 학습하셔도 좋습니다.

자료를 찾아서 취합합니다.

↓

내용을 소리 내어 읽어 봅니다.

↓

중요한 내용만 추려서 논리적으로 정리합니다.

↓

특징, 강점, 차이점 등 내 생각도 덧붙여서 적어줍니다.

'해당 기업 3가지 적어보기'는 채용 사이트를 확인하시면 쉽게 찾을 수 있습니다. 업체에서는 채용 공고문을 게시할 때 자신의 기업에 맞는 분류를 설정하기 때문이지요. 100% 생소한 기업을 적기보다는 10%라도 더 아는 곳을 적어주세요. 이름을 들어봤거나, 지역이 같다거나, 처음 봤지만 홈페이지를 보면서 관심이 생겼거나 어떠한 이유라도 좋습니다. 그럼, 우리가 남에게 설명을 할 때도 아예 모르는 회사보다는 좀 더 자연스럽게 말을 할 수 있습니다.

- **강소기업**

  설명 :

  해당기업 3가지 적어보기 :

- **중견기업**

  설명 :

해당기업 3가지 적어보기 :

• (　　　)

설명 :

해당기업 3가지 적어보기 :

• (　　　)

설명 :

해당기업 3가지 적어보기 :

• (　　　)

설명 :

해당기업 3가지 적어보기 :

그렇다면 다시 질문하겠습니다.

"내가 지원하고자 하는 회사는 기업별로 분류했을 때
어디에 속하나요?"

답: ________________________________

자신 있게 대답하셨습니까?

"차이점까지 알았지만, 아직은 1개를 고르지 못하겠어요."라고 한다면, 위의 분류 중에서 확실하게 아닌 것을 2개 이상 골라서 세모로 표시하십시오.

예를 들어, 공무원이 될 생각이 없다면 공기업에 세모 표시를 하시면 됩니다.

[2] 직무별

취업 준비생이 의외로 쉽게 결정하는 것이 직무입니다. 신중하고 빠르게 결정하면 가장 좋겠지만, 느려도 신중하게 결정해야 하는 부분이 직무라는 점을 미리 말씀드리고 시작하겠습니다. 첫 직장은 첫 단추와 같습니다. 와이셔츠나 블라우스를 입을 때 단추를 한 칸 밀려서 끼우면 나머지를 다 끼워도 아무 의미가 없습니다. 오히려 시간만 낭비한 것이 됩니다.

어렵게 들어간 회사에서 본인의 적성과 직무가 맞지 않아 퇴사를 결정하는 직장인을 많이 봐 왔습니다. 면접 관계자가 아니더라도 방송 매체에서 자주 접할 수 있는 내용인데요. 몇 년을 준비해서 합격한 대기업 신입사원들은 입사할 때만 해도 임원이 될 때까지 퇴사를 안 할 것 같지만 결과는 어떻습니까? 매년 다양한 이유로 퇴사를 하고, 퇴사 사유의 큰 비중이 '직무가 맞지 않아서'라고 합니다.

지금 하는 취업 준비를 몇 년 뒤에 다시 하는 것은 누구라도 싫습니다. 하지만, 이직 때 직무를 바꿔야 한다면 그때는 다시 신입처럼 준비할 수밖에 없습니다. 직무를 바꿔서 새 직장을 구하는 것은 첫 단추를 잘못 끼운 것과 같습니다. 첫 직장의 경력 인정이 어려울 수 있기 때문입니다.

이직을 할 때 전 직장에서의 경력을 인정받기 위해서는 직무가 동일해야 합격 가능성이 높겠지요? 그렇다 보니 이력서를 넣기 전에 직무에 대한 고민은 몇 개월을 해도 전혀 아깝지 않은 시간입니다. 거듭거듭 고민해서 결정하시기 바랍니다.

결정을 잘하기 위해서는 기업별 구분처럼 직무별 구분에 대한 지식과 정보가 있어야 합니다. 채용 사이트에 구분이 잘 되어 있지만, 우리는 그것을 어떻게 활용하여 내 것으로 만들 것인지 설명하기 위해서 임의로 직무를 적어보았습니다.

→ A~H 이외에도 관심이 가는 직무가 있다면, I 칸 기입
→ A~I 중에서 전혀 고려하고 있지 않은 것은 세모 표시(△)
→ A~I 중에서 관심이 있는 것은 동그라미 표시(○)
→ 고민이 되어, 표시하기 애매한 것은 물음표 표시(?)

〈작성 방법〉

[동그라미]	원하는 직무 : 최대한 구체적으로 내 생각을 모두 적어보기 선택한 이유 : 문장으로 작성하기 필요한 역량 : 최소 2가지 적어보기
[?]	해당 직무 : 어떤 일을 하는 것인지 최대한 구체적으로 적어보기 이미지 : 해당 직무로 일하는 사람을 상상하면 어떤 이미지인지 적어보기 필요한 역량 : 어떤 역량이 있으면 일을 잘할 수 있다고 생각하는지 적어보기
[세모]	빈 칸으로 두시면 됩니다.

예 H 영업

[동그라미]	원하는 직무 : 영업 중에서도 B2B 영업을 하고 싶다. 해외 영업에 관심 있다. 선택한 이유 : 외국에 출장 다니고 싶다. 사람들과 어울리고 성과를 내는 멋진 일을 하고 싶다. 경영학 수업 중에 특히, 영업과 관련된 OO 과목이 가장 재미있었다. 필요한 역량 : 영어, 지원하고자 하는 회사와 거래하는 국가의 언어를 제2외국어로 배우기, 커뮤니케이션 능력, 체력 등
[?]	해당 직무 : 영업은 기업고객이나 개인고객을 대상으로 판매하는 일이다. 이미지 : 항상 열정적일 것 같다. 처음 만나는 사람과도 대화를 잘할 것 같다. 주5일 이상 술을 마실 것 같다. 필요한 역량 : 마케팅 감각, 고객 관리능력, 설득의 기술 등

분야	관심도	생각 구체적으로 적기
(A) 경영, 행정, 기획		
(B) 마케팅, 관리		
(C) 연구개발, 설계		
(D) 유통		
(E) 제조, 생산		

(F) 무역		
(G) 디자인		
(H) 기술영업, 영업관리, 국내영업, 해외영업		
(I) 기타 (나에게 해당되거나 추가하고 싶은 직무를 적어주세요)		

[3] 면접 전형

아래의 전형은 대표적인 것만 기록되어 있습니다. 그 외에 나에게 필요하다고 생각하는 내용은 I 부분에 기록하시면 됩니다.

취업 전형은 회사마다 다르고, 같은 회사라도 상반기, 하반기가 다를 수 있습니다. 새로운 전형도 계속해서 생기고 있습니다. 그렇기 때문에 각 전형을 준비하는 일도 필요하지만, 면접을 준비할 때 그 전형을 진행하는 이유를 생각해본다면, 새로운 전형의 면접에서도 빠른 대처가 가능합니다.

(A) 인성 면접

인성 면접이란 무엇인지 생각나는 대로 적어보세요.
(예 면접진행방식, 생각나는 질문, 인성 면접을 진행하는 이유 등)

인성 면접의 평가요소는 무엇일까요?

인성 면접은 지원자의 됨됨이를 봄으로써 회사의 일원으로 부족함이 없는지 확인하는 면접이라고 할 수 있겠지요. 인성 면접이라고 하면 어떤 질문이 떠오르나요?

네, 맞습니다. 자기소개, 지원 동기, 취미 등과 같은 질문들이 대표적이죠.

면접에서 B~H까지는 선택사항이지만, A는 필수사항입니다.

'1차 서류전형에 합격하셨습니다.'라는 말은 '지원자가 우리 회사에 필요한 능력은 어느 정도 갖추었다.'라는 뜻과 같습니다. 서류로 지원자의 능력을 평가했다면, 이제 면접에서는 일을 시켰을 때 잘해 낼 수 있는지 직무역량을 재확인하거나, 회사가 찾는 직원인지 인성을 확인하는 것입니다.

그래서 B~I 면접을 진행할 때도 각각의 전형에 필요한 역량은 기본이고, (A) 인성 관련 추가 질문을 받는 일도 많습니다.

예를 들어, (D) 프레젠테이션 면접 때 지원자 발표가 끝나면, 면접관이 질문을 합니다. 발표 내용을 토대로 질문하지만, 필요에 따라서는 인성 측면으로 접근하여 추가 질문을 하는 경우도 왕왕 있습니다.

인성 면접은 항상 똑같지는 않지만, 통상적으로 진행하는 방식은 3단계입니다. 우선, 자기소개나 지원 동기를 질문합니다. 지원자가 답변을 하는 동안, 면접관은 이력서나 자기소개서를 읽어봅니다. 눈으로는 자료를 읽고, 귀로는 지원자의 말을 들으면서 어떤 사람인지 파악을 하는 것이죠. 블라인드 면접이라면 지원자의 말에 좀 더 집중하게 됩니다.

다음으로는 그 파악을 토대로 확인 절차 질문을 합니다. 확인 절차이다 보니, 돌발질문이나 압박질문을 통해 본모습을 보려고 할 때도 있습니다.

마지막으로는 하고 싶은 말을 할 기회를 주거나, 질문을 받으며 면접관은 최종적으로 채점을 마칩니다.

평가요소가 무엇인지 물어보는 질문은 면접관이 가지고 있는 채점표를 생각하면 쉽습니다. 면접관은 각 전형을 통해서 평가해야 할 요소들이 있는데, 그것을 세분화해서 문항으로 만들어 둔 것이 채점표입니다. 예를 들어, 인성 면접을 진행할 때의 문항에 '발표 내용의 연결성', 'PPT 사용능력', '핵심 전달능력' 등이 있을까요?

없겠지요. 이처럼 각 면접 문항으로 표시될 수 있는 것을 적으시면 됩니다. A~I까지의 평가요소를 작성하는 부분은 6장까지 진도를 나간 후에 작성하면 막힘없이 적을 수 있을 겁니다. 그렇다고 오늘 공란으로 두면 안 됩니다. 어렵더라도 생각나는 만큼 최선을 다해서 작성하시기 바랍니다.

(B) 지성 면접

지성 면접은 무엇인지 생각나는 대로 적어보세요.

지성 면접의 평가요소는 무엇일까요?

"호국보훈의 달이 몇 월인가요?"

"요즘 이슈가 되고 있는 ○○ 사건에 대해서 어떻게 생각하나요?"

공무원 면접에서 나왔던 질문입니다. "6월입니다."라고 정답만 말하면 되는 질문도 있고, 논리적으로 답변해야 하는 질문도 있습니다. 지성 면접 질문의 폭이 넓기 때문에 예상문제를 뽑기보다는 시사, 상식에 대한 관심을 갖는 습관이 필요하겠습니다.

정보를 접할 때 암기에서 끝내는 것이 아니라 나의 생각을 함께 정리하면 좋습니다. 그런 이유로 신문과 뉴스를 권하고 싶은데요. 신문은 취재한 사실과 기자의 생각이 논리적이고 깔끔하게 정리되어 있습니다. 그것을 읽으면서, 내용적인 도움뿐만 아니라 답변할 때 말하는 방법을 학습하는 데도 좋습니다. 신문을 통해서 지식과 답변 기술을 향상시켰다면, 다음으로 뉴스를 이용해서 직접 답변을 만들어보는 작업을 하십시오.

뉴스 활용 방법을 자세히 설명하겠습니다.

1단계 뉴스가 시작되면 헤드라인이 나오고, 앵커가 인사를 합니다. 그때, 헤드라인 중에 2가지 정도 사진을 찍습니다. 그리고 해당 뉴스를 집중해서 잘 듣습니다.

2단계 뉴스가 끝나면 사진 찍은 헤드라인을 A4 용지에 적고, 어떤 내용이었는지 대략적으로 적어가면서 정리합니다. 모르는 용어가 있으면 찾아가면서 그 기사에 대한 내용을 숙지합니다.

그리고 타이머를 1분에 맞추고 그 기사에 대해서 설명합니다.

3단계 다시 한 번 타이머를 2분에 맞추고 이번에는 기사 내용 정리 1분과 그 기사에 대한 나의 생각 1분으로 해서 총 2분 동안 거울을 보면서 말을 합니다.

(C) 전공 면접

전공 면접은 무엇인지 생각나는 대로 적어보세요.   **전공 면접의 평가요소는 무엇일까요?**

전공 면접은 말 그대로 전공에 대한 지식이 어느 정도인지 묻고자 하는 것입니다. 직무와 연관된 이수과목이 있다면 학습 내용의 전반적 이해가 필요합니다. 중요한 공식이나 이론 등은 암기하셔야 합니다. 더 나아가 그 공부는 입사 후에 어떻게 활용할 수 있는지 대답할 수 있다면 더 좋겠지요.

● 전공이 직무와 연관이 많다면 아무래도 경쟁력이 있겠지요. 하지만, 전공 질문에 대답을 못했을 때는 반대 결과가 될 수도 있습니다. '지원자는 전공의 기본적인 내용도 모르는 것을 보니 공부를 안 했나 보군. 게으른가? 회사 일을 게으르게 하는 거 아닐까?'라고 생각할지도 모릅니다. 나의 장점이 빛을 보기 위해서는 준비를 하셔야 합니다. 회

사 업무와 내가 배운 전공과목의 연관성을 찾으려는 노력이 필요하고, 생각날 때마다 그때그때 기록하는 습관을 가져야 합니다.

● 전공이 직무와 연관이 없는 취업 준비생도 많습니다. 직무와 전공이 다르다고 해서 주눅 들 필요는 절대 없습니다. 이력서에 뚜렷하게 보이는 전공을 어떻게 면접에서 대처하느냐에 따라 면접 점수가 결정되는 것입니다. 그렇기 때문에 앞으로 우리가 할 일은 직무에 대해서 정확하게 파악하고 내가 회사에서 할 수 있는 일은 무엇이고, 앞으로 어떤 노력을 할 것인지에 대한 구체적인 계획입니다.

(D) 프레젠테이션

프레젠테이션 면접은 무엇인지 생각나는 대로 적어보세요.
프레젠테이션 면접의 평가요소는 무엇일까요?

몇 해 전만 해도 프레젠테이션 면접을 진행하는 회사가 지금처럼 많지 않았습니다. 인성 면접이 100%였던 회사가 1차 프레젠테이션, 2차 실무진 면접, 3차 임원 면접으로 매년 빠르게 늘어나고 있는 추세

입니다.

그 이유가 뭘까요? 프레젠테이션 면접을 통해 면접관은 무엇을 알 수 있을까요?

예	**○○업체 1차 프레젠테이션 면접**
	주　　제 : ○○업체의 매출 극대화 전략
	발표시간 : 7분 내외
	준비시간 : 1시간

지정된 장소에 모여서 각자 준비할 시간을 준 뒤에 발표를 하게 됩니다. A4 용지에 표를 그려 면접관에게 보여주면서 발표하거나, 발표하려는 내용을 종이에 적고 내가 보면서 발표를 하는 등 회사에서 정해 준 규칙을 준수하는 범위에서 준비하면 됩니다.

그렇다면 여기서 질문입니다. 면접관은 지원자들 중에서 매출 극대화를 위한 획기적인 전략이 나올 것이라 확신하고 있을까요? 그리고 그런 전략을 가진 사람만 뽑기 위해 프레젠테이션을 할까요?

아닙니다. 참신하고 신선한 아이디어가 나오면 좋겠지만, 그럴 가능성이 낮다는 것은 누구보다 잘 알고 있습니다.

프레젠테이션 면접은 내 나름대로 매출 극대화 전략을 만들고, 그것을 발표하는 자리입니다. 그렇다면, 내가 할 일은 이 전략이 왜, 어떤 근거로 좋은지를 설득시켜야 합니다. 그러기 위해서는 7분이라는 시간 동안 논리적이고 설득력 있게 발표를 해야겠지요. 면접관의 질문을 받으면, 명쾌한 대답을 통해 믿음직스러운 모습까지 보여줘야 합니다.

위의 모습은 면접관으로 하여금 입사를 했을 때 회의, 보고 상황을 상상하게 합니다. 면접관이 '아, 저 친구는 두서도 없고, 주제를 제대로 파악이나 한 것인지 답답하네. 우리 회사에 들어오면 내가 시키는 일도 저렇게 하려나?'라는 생각이 들도록 발표한다면 낮은 점수를 받게 되겠지요.

내용을 전달하는 설명 방식 발표가 아니라, 면접관과 커뮤니케이션을 하는 설득 방식으로 접근하셔야 합니다.

(E) 토론 면접

토론 면접은 무엇인지 생각나는 대로 적어보세요.

토론 면접의 평가요소는 무엇일까요?

토론 면접은 주제에 대한 분석력, 이해력, 문제해결능력을 판단하는 것을 시작으로 토론을 통해 의사소통능력, 협동심, 적극성 등도 확인할 수 있는 면접입니다.

토론이라고 하면, 초등학교 때 학급 회의가 생각납니다. 찬성/반대로 나뉘어 회의하다가 합의점을 찾기도 하고, 행사 준비를 위해 아이디어가 나올 때까지 회의를 한 적도 많았습니다. 그러고 보면 중학교, 고등학교, 대학교 때보다 초등학교 때 회의를 더 자주 했던 것 같습니다.

초롱초롱한 눈으로 서로 의견을 들어주고, 반론도 제시했던 초등학생 때의 모습처럼 토론 면접에서도 기본 매너를 지키며, 나의 생각을 분명하게 말할 수 있어야 합니다.

면접까지 아직 시간이 있는 분이라면 토론 면접 경험을 쌓으시기 바랍니다. 토론 면접 특성상 혼자서 할 수 없다 보니, SNS를 통해서 거주 지역이 가까운 분들이 모여 스터디 그룹을 만들고 토론 면접을 연습하는 분들도 많습니다. 스터디 전에 토론 면접의 평가요소를 파악하고 전체적인 진행방식을 숙지하여야 합니다. 토론에서 나타나는 다양한 경우의 수를 경험해봄으로써 대처능력을 키워보시기 바랍니다.

(F) 수행과제

수행과제 면접은 무엇인지 생각나는 대로 적어보세요.

수행과제 면접의 평가요소는 무엇일까요?

취업 시즌이 되면 '이색 면접'이라는 기사를 종종 봅니다. 1박 2일 동안 합숙 면접을 하면서 다양한 과제가 주어지기도 합니다. 수행과제가 모두 이색적이지는 않지만, 평가항목을 확대하기 위해서 지원자가 접하지 못했을 주제가 주어지기도 합니다.

수행과제를 해결하는 모습과 결과물을 발표하는 자세를 보면서 지원회사에 대한 관심도를 평가하고, 회사의 필요역량과 어느 정도 부합하는지를 측정하게 됩니다. 그래서 때로는 출신 학교, 어학 성적, 학점 등을 공개하지 않는 블라인드 테스트로 시행하기도 합니다. 수행과제를 해결하는 모습으로만 100% 평가하겠다는 의지인 것이지요.

수행과제 면접은 돌발질문처럼 당황스러운 것과는 다소 다릅니다. 면접이 진행되는 순서와 방법을 지원자가 충분히 이해할 시간을 줍니다. 점수를 잘 받기 위해서는 주어진 과제로 나의 어떤 역량을 보여줄 수 있는지 미리 생각하고 시작하셔야 합니다. 그러기 위해서는 지원 회사와 나의 역량에 대한 자료가 있어야 할 것입니다.

(G) 포트폴리오

포트폴리오 면접은 무엇인지 생각나는 대로 적어보세요.

포트폴리오 면접의 평가요소는 무엇일까요?

서류전형 평가로 끝나기도 하지만 면접에서 포트폴리오 관련 발표가 있기도 합니다. 포트폴리오 전형은 특히 발표를 어떻게 하느냐에 따라서 발표 후 면접관 질문의 난이도 차이가 큽니다. 내용적인 면에서 최선을 다하여 제출했더라도 발표에서 내가 말하고자 하는 내용을 면접관에게 확실하게 전달될 수 있다면 좋겠지요. 그래서 포트폴리오 면접을 볼 확률이 있는 직무에 지원 예정인 분들은 8장 '면접 목소리' 부분을 좀 더 집중해서 연습 바랍니다.

(H) NCS 면접

NCS 면접은 무엇인지 생각나는 대로 적어보세요.

NCS 면접의 평가요소는 무엇일까요?

취업 준비생이라면 'NCS(국가직무능력표준)'라는 단어를 1번쯤은 들어보셨을 겁니다. NCS란 산업현장에서 직무를 수행하기 위해 요구되는 능력을 국가가 산업 부문별, 수준별로 체계화한 것입니다.

NCS에서도 면접이 진행됩니다. 일반 면접보다 좀 더 직무에 초점을 두면서 인성까지 확인하는 방식입니다. 경험해보지 않은 전형이라고 해서 두려움을 느낄 필요는 없습니다. 이 책에서 계속 강조하는 것이 직무인데요. 그 직무 부분에 무게를 더 두는 면접이라고 생각하시면 됩니다. 세 달 동안 12회에 걸쳐서 진행하는 4장, 5장, 6장을 진행한 뒤에 NCS 면접 기출문제를 접하는 것이 좋습니다.

(I) 기타(나에게 해당되는 것을 적어주세요)

(　　　　　　) 면접은 무엇인지 생각나는 대로 적어주세요.
(　　　　　　) 면접의 평가요소는 무엇일까요.

복 습 – 1장, 2장

답변 내용을 간략하게 적어보세요.

- 아래의 5가지 질문을 소리 내서 답변하세요.
- 나의 목소리가 내 귀에 들려야 합니다.
- 1), 2), 3), 4)번 문제는 1분 이상 답변하십시오.
- 같은 말이 반복되어도 좋습니다. 1분을 지켜주세요.
- 타이머로 시간을 측정하면서 답변하시고, 시간을 기록하세요.

1) 기업에서 면접은 왜 할까요?

2) 면접을 통해 면접관은 나에 대해 무엇을 알 수 있을까요?

3) 현재 관심 있는 직무나 회사를 모두 말하시고, 그들의 공통점을 말하세요.

아직 관심 있는 직무나 회사가 없다면 싫은 회사나 직무를 2가지 고르고, 싫은 이유를 말하세요.

4) 회사를 결정할 때 원하는 것 3가지는 무엇인가요? 그 이유는 무엇인가요?

(예 : 연봉, 근무지, 근무시간, 근무환경, 적성에 맞는 직무, 회사 규모 등)

이유 :

5) 1장과 2장을 천천히 책과 커뮤니케이션 하듯이 읽고 빈칸을 적고 답변하였습니까?

자신 있게 "네"라고 대답한 분은 3장으로 →

자신 없게 "그럭저럭", "대충 모두 읽은 것 같아요." "아니요"라고 대답한 분은 1장으로 이동하십시오. ⊃

앞에서 말했던 수학 문제 이야기 기억나시죠? 1장부터 10장은 단계별로 진행이 되는 것입니다. 진도를 빠르게 나가기보다는 천천히 각 단계를 나의 것으로 받아들이는 시간이 중요합니다. 코칭을 하는 내용을 이해하고, 내 것으로 받아들이는 작업이 끝나야 나만의 진실성 있는 답변이 나올 수 있습니다. 1주일 정도 시간을 충분히 가지고 천천히 1, 2장의 놓친 부분을 모두 읽고 3장으로 넘어가세요.

interview

3장 책 활용법

1장과 2장을 통해서 면접이 무엇이고, 어떤 자세로 접근해야 하는지 알아보았습니다.

'서류전형 합격하면 면접 준비해야지.'라든지 '면접은 예상 답변 외우면 되겠지. 서류나 합격했으면 좋겠네.'라고 먼 미래의 일처럼 면접전형을 방치하면 안 된다고 말씀드렸습니다. 면접 준비를 지금 시작해야 한다는 동기부여가 되는 시간이셨기를 바랍니다.

3장에서는 4장~10장에 대한 책 활용법을 말씀드리겠습니다. 크게 2가지로 나뉩니다.

4장, 5장, 6장

7장, 8장, 9장, 10장

매 학기 첫 시간은 수업을 바로 시작하지 않고 한 학기의 강의 계획표를 보면서 전체 흐름을 훑어보듯이, 우리도 앞으로 3개월을 어떻게 진행할 것인지 알아보는 시간이 3장입니다.

[4, 5, 6장 활용법]

4장, 5장, 6장은 주 1회 만나는 것을 목표로 3개월 소요됩니다. 각 장마다 1개월 분량으로 구성되어 있습니다.

4장) 1단계 : 1~4주

5장) 2단계 : 5~8주

6장) 3단계 : 9~12주

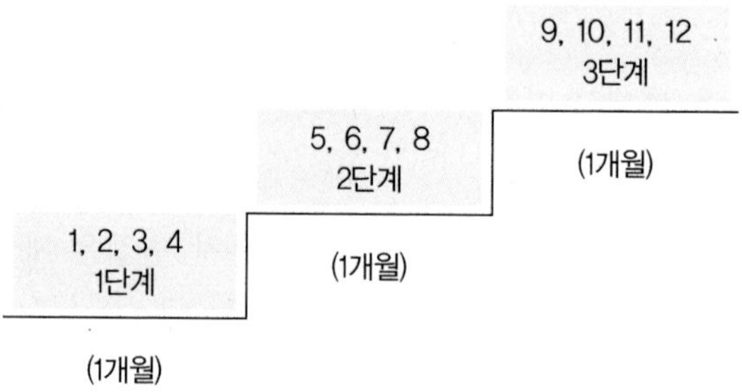

총 12주 동안 주 1회씩 진행하시면 됩니다. 매회 소요시간은 2시간 내외입니다. 그 시간은 집중해서 연습을 해 주셔야 합니다. 정확하게 7일 간격이 아니어도 좋습니다. 하지만, 몰아서 하는 것은 좋지 않습니다. 예를 들어, "주말은 한가하니까 이번 주는 2주 분량을 해야겠다."라고 몰아서 하면 비효율적입니다.

요일은 바뀌더라도 주 1회를 지켜주십시오. 이유는 주기적인 반복 연습을 통해서 면접에 대한 감을 익히며 자신감을 키우기 위함입니다.

수영학원을 다녀본 적이 있나요? 수영이 아니더라도, 스포츠센터 수강을 할 때 시간표를 떠올려보세요. 대부분의 스포츠센터에는 매일 운동하기 어려운 분을 위해 주 3회 반이 있습니다. 월/수/금, 화/목/토 반으로 구분하는 곳이 많습니다. 혹시 월/화/수 반, 수/목/금 반을 보셨나요?

월/수/금 반이 더 익숙하시죠? 월/화/수 반이 아니라 월/수/금 반이 훨씬 많은 이유가 뭘까요? 우리 몸은 몰아서 하기보다는 일정한 간격을 두고 규칙적으로 트레이닝했을 때, 학습한 내용을 기억하기에 더 좋기 때문입니다. 면접 연습도 마찬가지입니다. 월초에 1단계를 모두 끝내고 다음 달에 다시 책을 펼치는 것은 감을 익히는 데 전혀 효과가 없습니다. 그렇다면

언제 연습하시겠습니까?

'일주일 중에서 아무 때나 해도 된다고 했으니, 시간 날 때 해야지.'라고 생각하는 것은 어떻습니까?

그 방법보다는 달력이나 다이어리에 미리 연습할 시간을 표시하여 면접 연습이라는 선약을 잡아 두세요. '나는 월요일 저녁 시간으로 정하고, 3개월 동안 진행하겠어.'처럼 자신과 약속을 정하고, 학원 수업이나 지인과의 약속처럼 다이어리에 표시하는 겁니다. 학기 중이라면 1과목 더 수강한다는 생각으로 시간표에 표시하면 가장 좋겠지요.

'주 1회니까 시간될 때 해야지.'라고 생각하시면 아무래도 규칙적인 학습이 어렵습니다. 예를 들어, 그림처럼 2주 : 목요일 / 3주 : 월요일/ 4주 : 금요일 진행하기보다는 7일 규칙을 지켜주세요. '최대한 ○요일에 하는 것으로 하고, 그날 다른 일정이 있거나 몸 상태가 안 좋을 때는 하루 먼저 하거나 뒤로 하겠다고 계획하십시오.

다음으로는 7장, 8장, 9장, 10장 활용법입니다.

[7장 활용법]

위에서 설명했듯이 4장, 5장, 6장은 1주부터 12주까지 12회 만나게 되는데요. 그중에서 4주, 8주, 12주를 학습할 때 7장도 함께하시면 됩니다.

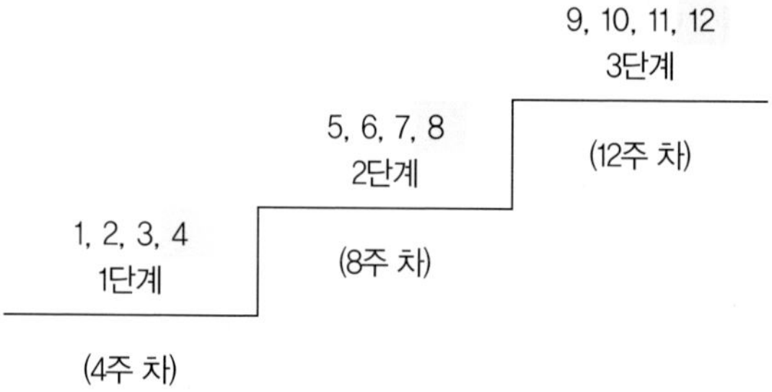

7장은 '면접 이미지'로 4주, 8주, 12주에 맞추어 내용이 구분되어 있습니다. '7장은 하루만 날 잡아서 읽으면 되겠네.'라고 생각하지 마시고 월 1회씩 간격을 유지 바랍니다.

4주, 8주, 12주 학습 부분에 7장을 학습하셔야 한다는 표시를 책에 해 두었기 때문에 지금 별도의 표시를 할 필요는 없습니다.

[8장 활용법]

이 책과 함께 면접 준비를 하겠다고 계획했을 때 아마도 영어 성적을 올리는 것보다는 부담을 적게 느끼지 않았을까 생각하는데요. 맞나요? 영어는 3개월 동안 일정 점수를 올리겠다고 계획하면 아무래도 빡빡한 공부 시간표가 필수겠지만, 이 책은 주 1회만 진행하면 된다고 하니 얼마나 좋습니까?

그런데, 지금까지 면접코칭을 하면서 많은 분들이 영어 못지않게 지루하고, 힘들어하는 부분이 있었습니다. 그것이 바로 8장입니다. 처음에는 오히려 '할 수 있습니다.'라고 자신 있게 답변하는 분들이 95%입니다. 한 달이 지나서 만나면 정도의 차이는 있지만, 80% 분들이 진행해서 옵니다. 두 달이 지나서 만나면 20% 이내 분들만이 꾸준하게 연습해서 약속한 만큼 과제를 진행했습니다. 다시 한 달이 지나서 6장이 끝날 무렵에는 "면접에서 꼭 필요하지 않죠? 이거 안 하면 떨어져요? 상관없을 것 같은데."라고 질문을 많이 합니다.

과제를 하지 못한 것을 정당화하기 위한 방어기제로 이와 비슷한 다양한 자기 합리화를 많이 하시는데요. 여러분 가운데 세 달 뒤에 질문하실 분에게 "8장을 안 했다는 이유만으로 불합격할 것인지는 알 수 없습니다."라고 답변 드리고 싶습니다.

면접은 필기시험처럼 맞춘 문제, 틀린 문제로 명확하게 구분되지 않습니다. 최종 합격자 명단을 확인할 때 불합격하면 뭐라고 나오던가요? 'a 항목, c 항목이 부족해서 불합격하셨습니다.'라고 나오지 않습니다. '아쉽지만 채용할 수 없음이 유감이다. 귀하의 뛰어난 능력을 높이 평가한다. 더 좋은 기회가 있기를 바란다.'는 내용으로 통지가 됩니다.

그 말은 전반적으로 우리 회사와 맞지 않는다는 의미겠지요. '전반적'이라는 두리뭉실한 단어에서 우리는 냉철한 자기 평가를 해야 합니다.

그래서 그야말로 '전반적'으로 회사에 어울리는 이미지가 필요합니다. 그 이미지 향상에 큰 비중을 차지하는 것이 바로 목소리입니다. 면접관의 채점항목에 '목소리가 좋은가.'라는 항목은 없습니다. 물론, 목소리가 필요한 직군은 예외입니다. 이렇게 목소리는 직접적인 평가요소가 아니라, 전반적인 이미지에 영향을 줄 수 있는 요소이기에 중요합니다. 나보다 0.5점 더 받은 사람은 합격하고, 나는 떨어졌을 수도 있습니다. 면접 장소는 전쟁터입니다. 멋지게 입은 옷은 죽지 않으려고 입은 전투복입니다. '이 정도는 괜찮겠지.'라는 안일한 생각으로 0.5점 감점될 수도 있고, 5점 감점이 될 수도 있다는 점을 기억하십시오. 전쟁은 승리하기 전까지는 긴장을 놓아서도, 게을러져서도 안 됩니다.

다소 지루한 연습이 8장일 것입니다. 걱정되는 마음에 전쟁까지 비유를 들어서 말씀드렸는데요. 아무쪼록 자기 합리화를 하는 분이 되지 않기를 바랍니다. 8장 잘 해주실 것이라 믿으며 책 활용법 안내 계속하겠습니다.

8장은 4장부터 같이 시작하시면 됩니다.
권장하는 횟수는 30분씩 주 2회입니다.
3개월 동안 주 2회 꾸준하게 연습하는 것이 가장 좋습니다.
그와 관련된 상세한 안내는 8장에서 다시 한 번 안내드리겠습니다.

〈책 활용법〉

	횟 수	1회 소요시간
4, 5, 6	주 1회	2시간
7	월 1회	1시간
8	주 2회	30분
9	면접 D – day 7, D – day 1	1시간
10	8장까지 완료 후 매일 30분	30분

* 소요시간은 개인에 따라 차이가 있을 수 있습니다.
본인의 속도에 맞추어 연습하시면 됩니다.

아래의 5가지는 책과 함께 면접 준비를 할 때 지켜주셔야 하는 사항입니다.

① 면접장이라고 생각하고, 바른 자세를 유지한다.

② 마실 물을 옆에 둔다.

③ 배가 고플 때, 졸릴 때는 피한다.

④ 자료가 쌓이지 않도록 한다.

⑤ 장소는 소리 내어 연습할 수 있는 곳으로 한다.

1. 면접장이라고 생각하고, 바른 자세를 유지한다

일요일 오전에 외출을 하다 보면, 교회를 다니는 분이 아니더라도 길에서 교회를 가시는 분은 어렵지 않게 알아볼 수 있습니다. 깔끔하게 정장을 입고 손에 성경책을 들고 가시는 분이 많기 때문입니다. 절에 다니는 분이 아니더라도 절에 있는 분들의 의상을 우리는 알고 있습니다. 여행으로 절에 가거나 TV에서 템플스테이를 하는 모습도 자주 나오던데요. 그분들이 절에 도착하자마자 하는 것이 무엇일까요? 입고 있던 옷을 벗고, 절에서 주는 옷으로 갈아입는 것입니다. 이렇게 종교 시설을 찾을 때, 마음가짐을 바로 잡기 위해 의상은 도움이 되는데요. 그것은 종교뿐만이 아닐 겁니다. 학창 시절에 입었던 교복도 같은 의미겠지요.

그렇다고 우리가 면접장과 동일한 마음가짐을 위해서 매일 정장을 입고 연습할 수는 없습니다. 물론, 면접 일정이 잡히면 정장을 입고 최종 연습을 해야 하지만, 지금은 그 전 단계로 '면접장에서 바른 자세 유지하기.'라는 기본적인 사항을 3개월 동안 몸이 익숙하도록 연습하셔야 합니다. 의자도 푹신한 소파보다는 면접장 의자처럼 딱딱한 책상 의자 혹은 식탁 의자에 앉고, 자세는 엉덩이를 의자 끝까지 붙이고, 허리는 곧게 펴고 앉습니다. 다리를 꼬거나 덜덜 떠는 행동은 면접 연습할 때는 절대 금물입니다. 24시간 바른 자세는 어렵겠지만, '면접 연습을 할 때는 자세를 바르게 하겠다.'는 결심을 가지고 4장을 시작하십시오.

면접을 준비할 때 자세까지 함께 훈련하면 실전에서 바른 자세가 어색하게 느껴지지 않겠지요. 구부정하게 앉거나 다리를 떠는 행동을 면접 당일에 자제하려고 하면, 그 의도적인 행동에 신경을 쓰는 만큼 면접 답변은 부실해질 수밖에 없습니다. 면접장에서 쓸 수 있는 총 에너지가 100이라면, 자세에 쓰는 에너지를 0으로 만드는 작업을 지금부터 하셔야 합니다. 12주 뒤에는 면접 연습 때 무의식적으로 허리를 곧게 펼 수 있도록 지금부터 노력합시다.

2. 2리터 물통과 컵을 옆에 두고 연습을 시작하세요

면접 연습을 30분 이상하다가 물을 마셨을 때 평소보다 훨씬 목 넘김이 편하다는 것을 경험하게 될 것입니다. 평소에 물을 거의 안 마셨더라도 목을 쓰는 시간에는 수분 섭취가 필요합니다. 충분한 수분 섭취로 혈액순환이 잘 이루어져서 최상의 컨디션을 유지하도록 해 주세요. 물을 제외한 음료와 군것질은 연습이 끝나고 드시기를 권합니다. 커피, 우유, 녹차 등 입안을 마르게 하는 음료는 특히 면접 연습할 때는 안 좋습니다. 평소 책을 읽거나, 공부할 때 먹으면서 하는 습관이 있다고 해도 면접 연습 때는 말하기 편하도록 물만 드십시오.

면접 연습 시간은 움직이지 않고, 집중하겠다는 각오로 아예 2리터 물통과 컵을 옆에 두십시오. 건강에도 좋고, 면접 연습에도 좋으니 하지 않을 이유가 없겠지요?

3. 배가 고플 때, 졸릴 때는 피한다

우리에게 주 1회 이 책과 함께하는 시간은 오롯이 면접 합격을 위한 나 자신과의 시간입니다. 숙제처럼 누구에게 보여줄 것이 아닙니다. 빠른 속도로 4장, 5장, 6장을 작성했다고 해서 면접 준비가 단시간에 끝나는 것도 아닙니다. 단계별로 차분한 마음으로 집중해서 생각하고 정리하셔야 합니다. 그럼 나 자신과의 시간을 위해 최상의 컨디션일 때 책을 펼쳐주면 가장 좋겠지요. 배가 고파서 기운이 없거나 잠이 부족해서 멍할 때는 피하는 것이 좋습니다.

내가 생각했을 때 '내가 가장 정신이 맑을 때는 아침이야.'라고 느낀다면 주 1회 아침 시간을 활용하시고, '평일은 바쁘고, 주말은 잠을 충분히 잘 수 있어서 주말 오후에 집중이 잘 될 거 같아.'라고 한다면, 주 1회 주말 시간을 활용하는 등의 전략적인 계획을 세워서 면접 준비의 효율성을 높여주세요.

4. 자료가 쌓이지 않도록 한다

우리가 모르는 부분은 자료를 찾아서 보관하게 될 텐데요. 그 자료는 쌓아 두지 마십시오. 찾은 정보가 단답형 질문에 맞춤 답처럼 바로 활용하는 일은 극히 드뭅니다. 그렇기 때문에 자료를 쌓아 두었다가 나중에 암기하는 방식은 면접 실력 개선에 도움을 주지 못합니다. 자료를 찾은 날 모두 암기하시라는 것이 아닙니다. 4장, 5장, 6장은 질문에 대한 답변 공간이 넉넉합니다. 그 공간을 활용해서 내가 필요한 자료만 나의 생각과 함께 정리하시면 됩니다.

자료는 김밥 재료와 같습니다. 김밥 1줄을 주문했을 때 그때부터 당근과 오이를 자르지 않습니다. 주문 즉시 바로 김밥을 돌돌 말 수 있도록 재료는 갖추어져 있습니다. 김치김밥인지 치즈김밥인지에 따라 그때그때 재료를 다르게 넣어서 말아 주기만 하면 됩니다. 당근과 오이를 잘라서 재료를 준비하는 작업처럼 우리는 자료를 쌓아 두지 말고 내가 사용하기 편하도록 이 책에 정리하시면 되겠습니다.

5. 장소는 소리 내어 연습할 수 있는 곳으로 한다

지금부터는 저와 마주 앉아 눈을 보면서 이야기한다고 생각하시면 좋을 것 같습니다. 앞에 있는 사람이 질문을 하면 우리는 소리를 내서 대답을 하잖아요. 앞에 사람이 "식사하셨어요?"라고 물어보는데, 소리 내지 않고 속으로 '네'라고 대답하는 분은 없는 것처럼 지금부터는 이 책에서 질문을 받으면 꼭 소리 내어 대답하시기 바랍니다. 그렇다 보니, 가능하다면 도서관이 아닌 곳에서 함께했으면 합니다. 왜냐하면, 질문을 했을 때 소리 나게 대답을 하려면 도서관은 아무래도 부적합한 공간이기 때문입니다.

1 : 1 코칭을 한다는 것은 바로 옆에 제가 있는 것과 같은 것이죠. 도서관은 혼자서 집중해서 공부하는 공간입니다. 실제로 도서관에 저와 같이 있어도 우리는 대화를 나눌 수가 없겠지요. 명색이 '면접' 준비생인데 말을 안 하고 머릿속으로 면접을 연습한다는 것은 어불성설입니다. 그런데도 불구하고, "저는 기숙사에 있는데요. 혼자 있을 시간이 없습니다. 어떻게 할까요?" 혹은 "방에 혼자 있어도 큰소리 내는 것이 어색합니다. 밖에 들릴까 봐 불안합니다."라고 질문하고 싶은 분도 있으시겠지요. 기숙사에서 지내기 때문에 혼자 연습할 장소가 없거나, 방에 있어도 밖으로 소리가 나가는 것이 신경 쓰이는 등의 어려움이 있겠지만 대책을 강구하십시오.

룸메이트가 있다면 혼자 있는 시간이 별로 없겠지요. 그렇다고 모든 시간을 같이 있는 것도 아닙니다. 룸메이트가 나보다 일찍 나가는 요일이 있거나, 주말은 외출이 잦거나 하지는 않은지 찾아본다면 일주일에 1번은 2시간 동안 혼자 있을 수 있는 시간이 있지 않을까요?

가족과 함께 살면서 방음이 걱정된다면 처음에는 내 목소리가 귀에 들릴 정도의 소리로 연습하십시오. 속삭이는 정도의 소리가 거실까지 들리지는 않습니다. 그마저도 걱정이 된다면 가족이 거실에서 TV 보는 시간이나, 잠을 자는 시간 등을 활용한다면 더 편한 마음으로 연습할 수 있겠지요.

하지만, 조용하게 웅얼웅얼하는 정도의 연습은 최대한 짧게 하시고, 늦어도 면접 한 달 전부터는 새벽에 공원 벤치를 활용해서라도 큰소리 연습이 필요하다는 점은 미리 말씀드립니다.

다른 사람에게 민폐를 끼치지 않도록 조심하는 것과 다른 사람 눈치를 보는 것은 분명하게 다릅니다. 어색함, 수줍음 등의 이유로 연습을 망설이는 일이 없기를 바랍니다. 소리 내서 연습할 수 있는 장소에서 내 귀에 목소리가 들릴 정도로 대답을 하면서 시작하십시오.

참고. 면접이 3개월 이내로 진행 예정인 분들께

Q : 만약 한창 면접 원서를 접수하고 있어서 시간이 한 달 남짓 남아 있다면 어떻게 합니까?

A : 주 1회를 주 3회로 진행하시면 됩니다. 예) 월, 수, 금 진행

시간이 많이 촉박해도 4장, 5장, 6장은 주 3회 이하로 진행하면서, 7장, 8장, 9장을 함께 하십시오.

예를 들어, 면접이 1주일 남았다고 하더라도 빠르게 4, 5, 6장을 대강 훑어보기보다는 4장만 제대로 보는 것이 더 효과적입니다.

하지만, 이 방법은 어디까지나 면접까지 시간이 촉박한 분들께만 해당되는 것입니다. 가능하면 3개월 동안 진행하는 것이 가장 좋습니다. '1권에 3개월 걸리는 것을 나는 2배로 빨리해서 2번 보겠어.'라는 열정은 이 책에서만큼은 비효율적이라는 점 꼭 기억해주십시오.

주별 연습 3개월 :
단계별 전략적 학습 시작!

interview

4장
주별 연습 3개월 1/3

- 1단계: 내가 원하는 회사와 직무를 파악하라

1 – 2 – 3 합격공식 :	주 1회 – 일 2시간 – 발표 3번
	주 1회 진행
	하루 최소 2시간 집중 연습
	대화하듯이 3번 발표

1장, 2장, 3장을 통해서 '면접'에 대한 이해와 실전 면접을 위해 나아가야 할 방향에 대해서 생각했다면, 이제 4장부터는 '나만의 맞춤 면접'을 준비하는 시간입니다. 이제 본격적으로 단계별 연습이 시작되는데요. 혹시나 이 책을 '4장부터 봐야지.'라고 생각하고 책을 펼쳤다면, 1장부터 차분하게 읽어 볼 것을 권합니다. 1장, 2장, 3장은 알고 있는 내용이라고 간과하면 안 됩니다. 나만의 맞춤 면접을 위해 반드시 필요한 작업입니다.

우리가 건축가가 되어 멋진 3층 건물을 짓는다고 가정해 봅시다. 건축가는 가장 먼저 무엇을 할까요? 우리가 건축가는 아니지만, A 건축가와 B 건축가 중에서 어떤 것이 먼저인지는 어렵지 않게 고를 수 있을 것입니다.

A 건축가 : “3층 건물이니까 1층부터 튼튼하게 잘 지어야지! 벽돌을 사 뒀는데, 시작해 볼까?”

B 건축가 : “건물을 짓기 위해서 설계도를 그려야지. 집을 지을 곳의 땅은 경사가 없나?”

고르셨습니까?

그렇죠. B 건축가입니다.

건축가가 나오는 드라마나 영화에서 건축가들이 설계도를 몇 차례씩 수정하는 장면, 공사현장에 설계도를 손에 들고 여기저기 다니는 장면 등을 본 적이 있으시죠? 면접으로 적용하면 머릿속에 그리고 있던 뿌연 그림(막연한 면접 준비)을 가지고 윤곽(면접 의미 파악)을 잡고 설계도(방향 설정)를 완성하는 작업까지가 1장, 2장, 3장이었고, 설계도를 가지고 착공하는 것이 바로 4장이 되겠습니다.

직장인이 된 나의 모습을 꿈꾸며 많은 상상을 했을 여러분이기에 “면접에 대해서 대충 알아. 합격 사례도 많이 읽어봤어, 다 알아.”라고 생각하며 1장, 2장, 3장을 건너뛰었다면 설계도도 없이 착공식을 하려고 했던 A 건축가와 같은 모습입니다.

그래서 바로 4장으로 오셨거나, 만화책 넘기는 속도로 빠르게 읽으셨다면 다시 한 번 말씀드립니다. 1장부터 천천히 읽어주세요.

- 1장, 2장, 3장 정독을 통해서 면접에 대한 나만의 큰 그림이 그려졌다.
- 활기차고 적극적으로 소리 내며 연습할 준비가 되었다.
- 바른 자세로 앉아 있고, 물이 옆에 있다.

위의 3가지가 준비됐나요? 그럼, 시작합니다!

질문: "당신은 여자인가요? 남자인가요?"

대답: ___________

대답하셨습니까? 아래 6가지 중에서 어떤 방식으로 대답하셨나요? 번호를 골라보세요.

1) 소리 내며 "여자/남자"
2) 소리 내며 "여자요./남자요."
3) 속으로 "여자/남자"
4) 속으로 "여자요./남자요."
5) 소리 내며 "여자입니다./남자입니다."
6) 기타

1) 선택하신 분: 소리 내서 대답하는 것을 요청드렸는데, 너무나 잘 하셨어요. 아쉬운 점이 있다면 대답을 단어로 하셨다는 점입니다. 문장으로 대답을 해 주세요.

유치원에 다니는 아이들에게 "너는 어떤 과일 좋아해?" 라고 물으면, "딸기", "바나나"처럼 단어로 대답을 합니다. 그러다가 초등학교 입학을 하면서 발표도 하고, 학교생활을 익히면서 문장으로 대화하는 것에 익숙하게 됩니다.

그런데, 신기하게도 고등학생들에게 질문을 하면 다시 단어로 대답하는 친구들이 많습니다. 아무래도 공부에 전념하는 시기라서 자신과의 싸움으로 피곤해서 나타나는 현상인 것처럼 느껴져서 마음이 아픕니다. 아무튼, 이제 고등학교를 졸업하셨고 사회생활을 앞두고 있는 만큼 1)번을 선택하셨다면, 앞으로 친구들과 대화를 할 때에도 문장으로 대화하는 연습을 통해서 단어로 답하는 것이 습관이 되지 않도록 해주세요.

2) 선택하신 분: 소리를 내서 대답하는 것을 요청드렸는데, 너무나 잘하셨어요. 2)번의 '~요'도 좋지만, 5)번처럼 '~다'로 대답하는 연습도 해 보시기를 권해드립니다.

3)과 4) 선택하신 분: 소리를 내며 대답하기로 저와 약속하셨는데요. 아직 어색하시죠? 소리 내서 대답하지 않은 이유가 무엇일까요?

여러 가지 이유가 있겠지요? 이번 질문도 해당되는지 몰라서, 평소에 내성적인 성격이라서, 식곤증 때문에, 피곤해서 등 다양한 이유가 있을 겁니다.

이유를 찾으셨다면 해결 방법을 찾아 개선하는 일만 남았습니다.

나의 몸 상태의 문제라면 지금 바로 책을 덮고, 꼭 오늘이 아니라도 머리가 맑을 때 여기서부터 다시 시작하십시오. 내성적 성격 때문이 라면 용기를 내라고 말씀드리고 싶습니다. 분명한 것은 평소 외향적인 친구라고 해서 면접에서도 모두 힘차고 자신감 넘치는 목소리로 말하는 것은 아니라는 점입니다. 평소 성격을 바꾸는 성격 부분이 아니라 소리 내서 말하는 행동 부분을 말씀드리는 것입니다. 누구나 하실 수 있습니다.

면접은 누구에게나 부담되고, 어려운 자리입니다. 그렇기 때문에 연습을 통해 최대한 익숙한 느낌을 잡아서 내 생각을 말할 수 있도록 만들어 주셔야 합니다.

장거리 달리기를 앞두고 있는 여러분 중에 누군가는 어색하지만 "남자/여자" 조그마한 소리를 냈습니다. 출발선을 넘어선 것입니다. 이렇게 벌써 아주 조금씩 차이가 생기는 겁니다. 미세하게 보이는 오늘의 차이가 12주 뒤에는 눈에 띄는 차이가 될 것입니다. 용기를 내세요.

5) 선택하신 분 : 너무 잘하셨습니다. 앞으로도 힘차게 대답해 주세요.

6) 선택하신 분 : 기타 답변으로는 1)~5)번 대답과 100% 일치하지 않아도 2가지만 확인하면 됩니다.

소리 내서 대답을 했다. VS 속으로 대답을 했다.

완벽한 문장으로 대답을 했다. VS 완벽한 문장으로 대답하지 못했다.

이렇게 2가지를 확인하여 1)~5)번 문항 중 나의 답변과 비슷한 항목을 찾으십시오.

감히 말씀드리지만, 위의 질문을 듣고 대답할 때 내가 면접장에 있다고 생각을 하고 밝은 얼굴로 씩씩하게 5번으로 대답하신 분이 아니라면 면접 연습을 시작할 마음의 준비가 아직 안 되어 있습니다.

지금 우리가 하는 것은 면접에 대한 이론 학습 시간이 아닙니다.

면접장은 입 밖으로 나의 의견을 말하는 곳입니다. 머리로 정리된 내용들을 말해야 하는데, 연습 없이 면접장에서 유창하게 말을 한다는 것은 쉽지 않겠지요?

필요한 것은 이 책과 말을 하려는 의지입니다.

합격을 위해서 우리 다시 한 번 마음을 다잡고 시작해볼까요?

> "이 책을 읽고 있는 당신이 가장 좋아하는 음식과
> 싫어하는 음식은 무엇인가요?"

이번에는 대답을 하셨지요?

잘하셨습니다!

한 가지만 더!

소리 내서 하는 대답은 단어가 아닌 문장으로 해주세요.

예를 들어, "피자랑 된장찌개"가 아니라 "네, 좋아하는 음식은 피자이고, 싫어하는 음식은 된장찌개입니다."라고 대답하셔야 합니다.

"문장으로 답하기"는 앞으로 진행되는 모든 답변에 해당됩니다.

4장은 1단계입니다. 1개월 분량으로 4주 동안 우리가 함께할 내용은 아래와 같습니다.

1단계 – 〈1주 차〉

- 회사도 사람처럼 각기 다른 매력을 가지고 있다.
  → 그렇다면, 내가 가고 싶은 회사의 매력도 찾아보자.

1단계 – 〈2주 차〉

– 지원자 : “어떤 부서 일이라도 잘할 자신 있습니다. 입사만 시켜주십시오.”

→ 모든 것을 잘하는 사람은 없다.

자신이 무엇을 잘하는지도 모르는 사람처럼 보일 뿐이다.

직무 결정이 중대한 문제임을 인지하자.

1단계 – 〈3주 차〉

– 이성 친구가 나를 좋아한다는 말만 반복할 뿐, 나에 대해 아는 것이 별로 없다면?

→ 좋아한다면 그 사람의 사소한 것도 알고 싶어 한다.

가까운 사이일수록 남들이 모르는 매력을 알게 된다.

다른 지원자와는 차별되는 회사&직무 정보를 습득하라.

1단계 – 〈4주 차〉

– 면접관 눈에는 나의 머릿속이 안 보여요.

→ 말로 표현하라.

1단계 – 1주

네모 칸 안에 질문이 있습니다. 소리를 밖으로 내면서 답을 적어주세요.

첫 시간은 다소 어렵게 느껴질 수 있습니다. 오죽하면 '시작이 반이다.'라는 속담도 있겠습니까? 우리 한번 멋지게 반을 끝내 봅시다.

네모 칸 다음에는 설명이 있습니다. 수학문제가 안 풀릴 때 고민하지 않고 답안지를 보면, 다음에 다시 풀 때도 틀릴 확률이 높다는 이야기 했던 것 기억나시죠? 각 질문에 최선을 다해서 노력한 후에 설명을 읽어주세요.

준비되셨죠?

시작하겠습니다.

1. 입사 지원 경험이 있습니까?

예(2번으로)

아니오(3번으로)

– 입사 지원 경험이 없다면, 바로 3번 질문으로 이동하십시오.

– 입사 지원 경험이 있다면, 지원한 회사명단을 가지고 있습니까?

명단이 있으면, 바로 2번으로 이동하십시오.

명단이 없다면, 명단을 작성한 후에 2번으로 이동하십시오.

지원 회사

2. 지원한 회사명단 중에서

① 가장 입사하고 싶은 곳

② 합격 가능성이 높았던 곳

③ 서류 통과 후 면접까지 갔던 곳 혹은 회사에 대해서 가장 잘 알고 있는 곳을 적어주세요. 작성 후 4번으로 이동하세요.

①

②

③

3. ① 가장 입사하고 싶은 회사

② 지인이나 매체를 통해 다른 곳보다 좀 더 알고 있는 회사

③ 스스로 생각하기에 하향 지원을 하게 된다면 '여기는 지원하면 붙기는 할 거 같다.'라고 생각하는 회사를 적어주세요. 작성 후 4번으로 이동하세요.

①

②

③

4. 회사명 3개를 적으셨죠? 이제 그 회사에 대해 각각 3가지씩 적을 겁니다. 현재 알고 있는 내용도 좋고, 찾아보셔도 좋습니다.

모두가 알고 있는 '대기업이라서, 유통업의 1위이니까'라고 적기보다는 구체적으로 적어주세요.

(예: ~관련 기사를 보면서 지역 활성화에 앞장서는 모습이 ~느껴졌다.

~점을 통해서 10년 뒤가 기대되는 탄탄한 중소기업이기에 호감을 가지고 있다.

○○상, **상 수상을 보면서 끊임없이 도전하고 직원과 상생하는 기업이라는 믿음이 생겼다.)

지금 알고 있는 것이 부족하다고 생각되면 각종 매체 혹은 지인을 통해 정보를 확보한 후 꾸준하게 추가해서 기록하세요.

면접관한테 "지원자는 우리 회사의 어떤 점이 마음에 들었습니까?"라는 질문을 받았다고 생각하고 적어주세요.

회사명 (   )

회사명 (   )

회사명(   )

메모 [추가 작성이 필요할 때 활용하세요.]

5. 1, 2, 3, 4번에서 작성한 내용을 취합해서 문장으로 만들고, 3번 크게 읽어주세요.

문장을 만들 때, 문어체로 쓰고 그것을 보고 읽게 되면 책을 읽는 느낌이 납니다. 그래서 대화체로 작성하면 자연스럽게 답변하는데 용이합니다. 대화체라고 하면 '어떻게 쓰라는 거야?'라고 생각하실 수 있는데요.

소설책이나 TV에서 도움받을 수 있습니다. 소설책은 대화체가 너무나 많죠? TV는 아나운서나 연예인이 하는 말을 자막으로 보여주는 방송이 많습니다. 예능 외에도 다큐멘터리, 시사, 뉴스 등 장르를 막론하고 말하는 내용 그대로 자막으로 보여주기도 하는데요. 평소 TV를 볼 때 유심히 보시고, 대화체로 작성해 보세요. 문장으로 작성하기 어렵다면 밑의 예시처럼 중요한 단어 중심으로 작성한 뒤, 말을 할 때는 단어를 사용하여 완전한 문장으로 말하는 방법이 있습니다.

두 가지 작성방법(대화체 문장, 중요 단어 중심) 중에서 편한 방법으로 하시면 됩니다. 대화하듯이 3번 말하다 보면 어순이 바뀌는 것은 정상적인 일입니다. 3번 똑같이 말하는 것이 아니라, 3번 자연스럽게 말하는 데에 중점을 두십시오.

예시)

[작성] ○○기업 : 지역 활성화에 앞장서는 모습

[읽기] → ○○기업은 강원도에 위치한 기업으로 지역 활성화를 위해서도 앞장서는 모습을 보면서 ○○기업의 일원이 되고 싶어졌습니다.

친구가 앞에 있다고 생각하며 대화하는 것처럼 크게 말해주세요.(3번)

1, 2, 3, 4번에 작성한 내용을 자유롭게 이야기하면 됩니다.

예) 현재까지 지원했던 회사는 ○곳입니다.
그중에서 A, B, C 기업에 관심이 있습니다.
A 기업은 – …(중간 생략)…
올해 안에 A, B, C 중에서 꼭 합격하고 싶습니다.

[1단계 – 1주 강의]

1단계 – 1주는 '회사를 분석하는 눈 키우기'입니다.

우리가 지금 하는 작업은 어떤 회사를 지원해도 그 회사에 맞는 차별화된 답변이 가능하도록 하는 것입니다.

오늘 책을 펼치고 지금까지 시간이 얼마나 걸렸나요? 3장 '책 활용법'에서 평균적으로 매주 2시간이 필요하다고 말씀드렸는데요. 오늘도 2시간 분량입니다. 5번까지 예상 소요시간은 1시간 30분이었습니다. 나머지 30분은 아래 면접코칭 글을 읽으면서 생각을 정리하는 시간입니다. 4번에 쏟은 정성에 따라 시간 차이가 있을 겁니다.

오래 생각을 했지만 칸을 모두 채우지 못한 분도 있고, 회사 소개나 약력과 같은 대표적인 회사장점을 작성하여 1시간도 채 안 걸린 분도 있을 겁니다. 필기시험이었다면 백지보다는 무엇이라도 적은 시험지에 1점이라도 더 주겠지만, 면접은 아닙니다.

오히려, 대표적 장점을 적은 분보다는 오래 고민하고 기사도 찾아본 분이 향후 개선 폭이 클 것으로 기대됩니다. 여러분이 회사에 관심을 갖고 분석력을 키우는 만큼 면접관의 눈에 띄게 될 것입니다. 4번을 구체적으로 작성하기 어렵게 느껴지셨던 분들은 방송, 신문, 광고 등 그 회사와 관련된 내용을 찾아보시면서 정보를 쌓아야 합니다.

중요한 점은 여기서부터입니다. 정보를 모아서 나열식으로 말하는 것이 아니라, 정보와 정보를 '나'라는 고리로 연결시켜야 합니다. 예를 들면, 다음과 같습니다.

예 나는 반도체 관련 중소기업에 지원을 준비하고 있습니다. 어느 날 대기업 광고를 봤는데, 자사 신제품을 나열한 신문 광고였습니다. 이때, 취업 준비생은 '제품 멋있네.'라는 생각만 하고 신문을 넘기는 비취업 준비생과는 다른 시각을 가져야 합니다.

희망 직무 분야이므로 나는 반도체에 기본적인 지식을 가지고 있기 때문에 어떤 제품에 반도체가 사용되는지 알고 있을 겁니다. 특히, 내가 관심을 가지고 있는 기업은 어떤 제품에 들어가는 반도체가 납품되는지, 지난 몇 년 동안 회사의 발전 과정은 어떠했는지 추적하면서 기본적인 회사 정보를 쌓아야 합니다. 이렇게 수집된 정보를 뉴스 기사, 광고 등을 봤을 때 나의 생각을 붙여서 이야기하면 됩니다.

'올해 반도체 시장 전망이 좋다는 뉴스를 접했었는데, 대기업 신제품 광고를 보니까 반도체가 들어간 제품이 상당히 많아졌구나. 그럼 이 회사의 올해 전망도 밝겠는데! 1인 가구가 늘면서 작은 제품의 매출은 계속 증가할 것 같아. 그렇다면, 앞으로도 매출은 올라갈 확률이 높네. 대기업에서 개발 중인 제품은 어떤 것이 있는지도 찾아봐야겠다.'처럼 정보와 나의 생각을 접목시켜 보세요. 완벽한 정답을 만들려고 하지 마시고 가벼운 마음으로 접근하십시오. 자료를 찾고 나의 생각을 말씀하십시오.

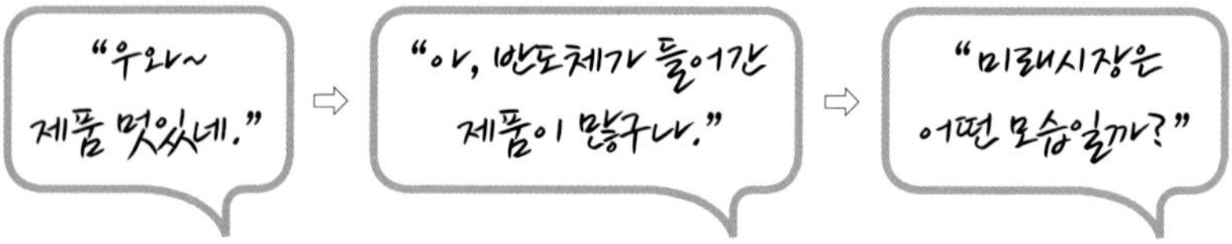

그렇다면, 이렇게 회사의 특징을 알아야 하는 이유는 무엇일까요?

아직 그 회사 직원도 아닌데, 왜 알아야 하는지 자신 있게 답변할 수 있으신가요?

그 답변을 다음 예시에서 같이 찾아봅시다.

4. 회사 3곳의 특징을 적어주세요.

예를 들어서 친구가 A 걸그룹을 좋아한다고 가정한 상황에서, 아래는 나와 친구의 대화입니다.

> 친구 : "A 걸그룹 노래 완전 좋다!"
>
> 나 : "어떤 면이 그렇게 좋아?"
>
> 친구 : "그냥 다 좋아."
>
> 나 : "요즘 유명한 ○○곡 말고 다른 곡 추천 좀 해줘."
>
> 친구 : "나도 그것밖에 모르는데……."

위의 대화를 듣고, 친구가 걸그룹의 노래를 정말 좋아한다고 생각되나요? 노래보다는 걸그룹을 좋아한다는 느낌을 받지 않나요?

게임을 좋아하면 배가 고픈 줄도 모르고, 몇 시간씩 게임을 합니다. 푹 빠져있는 드라마를 시청하고 있으면 엄마가 옆에서 불러도 모를 정도로 집중을 합니다. 드라마에서 인상 깊은 대화는 외우기도 하고, OST를 흥얼거리는 나를 보면서 주위 친구들이 내가 좋아하는 드라마를 알게 되기도 합니다.

이렇게 무언가를 좋아한다는 것은 내가 하는 표현을 통해서 표출되기도 합니다.

여러분이 입사를 희망하는 ○○기업 임원이라고 가정해보죠. 위의 상황을 대입해 보겠습니다.

> 나 : ○○기업 너무 좋아서 지원했습니다."
>
> 임원 : "어떤 면이 그렇게 좋았지요?"
>
> 나 : "그냥 다 좋습니다."
>
> 임원 : "그럼, 다 좋다고 생각하는 것 중에 3가지만 말해보세요."
>
> 나 : "……."

위의 대화를 듣고, 내가 임원이라면 지원자가 ○○기업을 진심으로 좋아한다고 생각되나요? 기업의 이미지, 기업의 브랜드를 좋아한다는 느낌을 받지 않나요? 그 기업의 구성원들이 오랜 시간 피땀 흘리며 이루어 낸 결과물을 보고, 단순히 좋아 보여서 내가 지원했다는 느낌의 답변은 면접관에게 좋은 점수를 받기 어렵습니다.

적어도 "그렇게 힘겹게 이루어 낸 기업의 ** 부분이 나에게 ** 느낌을 주었고, **, ** 계획을 세우고 있는 ○○기업 발전에 이바지하고 싶다."라는 회사의 정보와 나를 연결시키는 답변을 했을 때, 앞으로 함께하고 싶은 직원이라고 생각하게 될 것입니다.

아직 그 회사의 직원은 아니지만, 취업을 희망하는 기업이라면 적어도 왜 그 기업에 취업하고 싶은지 이유가 있어야 합니다.

그렇다면, "교수님과 선배님이 *** 부분이 좋은 회사라고 말씀하셨습니다. 그래서 믿음이 갔습니다."라고 답변하는 것은 어떻습니까?

이렇게 말해도 될까요? 결론부터 말씀드리면 안 됩니다. *** 부분이 좋은지에 대해서 정보를 수집한 것은 좋습니다. 그리고 회사에 대한 정보를 얻기 위해 주위 사람들에게 의견을 묻는 행동 역시 필요한 일입니다.

그런데 문제는, 자신의 미래를 스스로 결정하지 않았다는 느낌을 줍니다. 정보를 토대로 입사 지원을 결심하는 것은 '나'입니다.

위의 대답을 보완하면 '이야기를 들은 것'과 '믿음이 갔다'는 중간에 나만의 이유가 들어가면 됩니다.

그럼, "대기업이라서, 10년 연속 ○○상을 받아서요."라는 대답은 어떤가요? 이것 역시 좋지 않습니다.

회사는 신중하게 결정해야 합니다. 회사에서도 그러한 지원자를 원하겠지요. 다양한 정보와 의견을 수집한 뒤에는 → 그것을 토대로 나만의 생각을 정리하고 → 고심한 후에 결정을 했다는 대답이 되었을 때 → 임원은 나의 진솔한 답변을 경청해 줄 것입니다.

사실 이러한 대답이 적합하지 않다는 것을 알면서도 면접장에서 무슨 말이든지 해야 할 것 같아서 하는 분들이 의외로 많습니다. 해결방법은 위에서도 말했듯이 정보를 수집하고 불필요한 정보는 걸러 내는 것입니다. 필요한 정보만을 추려서 나의 생각과 연결시켜 말할 수 있도록 하시면 됩니다.

이것이 바로 우리가 지원하고자 하는 '회사'와 '직무'에 대해서 알아야 하는 이유입니다.

1개의 회사만 덩그러니 적어두고 특징을 찾기는 쉽지 않습니다. 우리는 아직 직장인이 아니기 때문에 회사의 특징은 어떻게 찾아야 하는지 접근방법부터가 어렵게 느껴지기 때문입니다.

이럴 때 좋은 것이 비교를 통해서 차이점을 찾는 방법입니다. 3개의 회사를 적어보고 서로에게 없는 점을 찾아보는 겁니다. 아무리 생각해도 떠오르지 않으면 그 회사와 관련된 기사, 광고, 빅데이터 자료 등을 찾아서 칸을 모두 채워주세요.

5. 대화하듯이 3번 읽어주세요.

존댓말을 권장하지만 자연스럽게 말하는 것이 어렵다면 친구와 대화하듯이 반말로 하셔도 좋습니다.

> **예** "내가 생각하는 ○○기업의 특징은 3가지가 있었어.
> 첫째, ———
> 둘째, ———
> 셋째, ———."
> 이번에 특징을 찾으면서 ○○기업에 대해서 많이 알게 된 것 같아. 그리고 알면 알수록 더 가고 싶다는 생각이 들었어."

가상의 친구가 아니라 실제로 친구와 함께 연습하면 더욱 좋겠지요. 친구와 정보 공유를 통해서 시간을 절약할 수 있고, 회사 특징에 접근하는 방법이 나와 다르다면 그 점도 배울 수 있습니다. 혼자 1시간 걸려서 3개의 특징을 찾았다면, 친구와 연습한다면 같은 시간에 2배의 정보를 얻을 수 있어서 효율적입니다.

1단계 – 2주

안녕하세요. 1주일 동안 어떻게 지내셨어요?

– 1단계 – 1주를 끝내고 5일이 채 지나지 않았다면 책을 덮어주세요. 1단계 – 1주를 끝내고 1주일 지나서 다시 만나요.

– 지난주에 1~6번까지 모두 작성을 못하고 중단했었다면, 책을 앞 단원(1단계 – 1주)으로 이동해서 마무리를 짓고 1단계 – 2주를 하셔야 합니다.

지난주가 '회사'에 관한 대화였다면, 이번 주는 '직무'입니다. 1단계 – 1주와 동일하게 1번부터 차분하게 집중해서 적고, 적은 것을 입 밖으로 소리 내어 답하시면 됩니다.

1. **취업을 준비하면서 지원하고 싶다고 생각했던 부서를 모두 적어보세요.**
   내가 적은 그 부서가 무엇을 하는 곳인지 2줄씩 적어보세요.
   필요하다면 인터넷을 활용하십시오.
   ("하는 일은 같은 것 같지만, 회사 2곳의 부서명이 다릅니다."라는 질문을 많이 받는데요. 그렇다면 2가지 모두 적으시면 됩니다.)

메모 [추가 작성이 필요할 때 활용하세요.]

2. 1번에 작성한 것을 보면서 즐겁게 일할 수 있는 부서 순서로 적어보세요.

내가 아침에 출근해서 야근하고 퇴근하는 생활을 상상했을 때, 최소 10년은 버텨 낼수 있을 것 같은 부서를 적으시면 됩니다.

1위 (   )

2위 (   )

3위 (   )

3. 2번을 망설임 없이 적었나요?

예 (4번으로)

아니오 (5번으로)

4. 1위로 선택한 부서에 대해서 아래 질문에 답하세요. 작성 후 6번으로 이동하세요.

(1) 선택하게 된 계기

예 : 드라마를 보고 흥미가 생김 / 관련 책을 보면서 ~부분이 재미있겠다고 느낌

(2) 그 부서에 입사했다고 가정하고 10년 뒤에 무엇을 하고 있을 것 같습니까? 최대한 구체적으로 적어보세요.

(3) 입사부터 10년차 까지를 시간 나열식으로 하고 싶은 것을 모두 적으시면 됩니다.

회사 업무 외에 가정, 취미, 꿈, 포부 등도 함께 적어보세요.

입사 → 입사 후 1년 :

→ 입사 후 2, 3년 :

→ 입사 후 5년 :

→ 입사 후 6, 7, 8년 :

→ 입사 후 9, 10년 :

메모 [추가 작성이 필요할 때 활용하세요.]

5. 가고 싶은 부서가 아직은 뚜렷하게 없다면, 2분류로 나누어 3개씩 적어주세요.

- 왼쪽에는 많은 부서들 중에서 절대 가고 싶지 않은 부서 3개를 적습니다.
  예를 들어, 활동적이고 커뮤니케이션 능력을 필요로 하는 부서가 싫다면 영업부서, 무역부서, 마케팅부서 등을 적을 수 있겠지요.
- 오른쪽에는 입사해서 큰 무리 없이 일할 수 있을 것 같은 부서 3개를 적습니다.

그리고 6개의 부서 옆에는 왜 그것을 적게 되었는지, 지금의 심정을 솔직하게 최대한 자세히 적어보세요.

작성 후 6번으로 이동하세요.

왼쪽	오른쪽

메모 [추가 작성이 필요할 때 활용하세요.]

6. **열심히 고민하고 작성한 내용을 문장으로 만들어서 3번 크게 읽어주세요.**

친구가 앞에 있다고 생각하며 대화하는 것처럼 크게 말해 주세요.

작성한 문장을 토대로 아래의 순서로 이야기하시면 됩니다.

(1) (　　)부서에 지원하고자 하는데요.

(2) 관심을 갖게 된 계기는 (　　).

(3) (　　)부서에서 하게 될 일은 (　　　　　　)

[1단계 – 2주 강의]

지난주보다 작성하는 데 힘들지 않으셨어요? 고생하셨습니다.

'정신이 맑을 때 집중해서 해야겠구나.'라는 생각을 하셨을 것이라 생각합니다.

직무가 정확하게 결정된 분과 정하지 못한 분의 작성 시간이 확연하게 차이가 났을 텐데요. 소요시간은 중요하지 않습니다. 이번 시간을 통해서 스스로 정리했다는 것이 중요합니다. 그동안 직무에 대해서 느꼈던 생각들이 머릿속 깊숙하게 군데군데 있었는데요. 그것을 끌어올려서 하나의 바구니에 모두 담았습니다.

많은 분들이 이 시간이 지나고, 저녁에 샤워를 하다가 혹은 잠들기 직전에 '아, 그 부서를 선택한 건 이런 이유도 있었는데 못 적었네.'라고 번뜩 떠오르기도 할 겁니다. 그것이 제가 바라는 일이기도 합니다.

그럴 때는 굳이 이 책을 다시 펼치지 않더라도 주위에 있는 종이와 펜을 이용해서 아무 곳이나 적어 두었다가 3주 차 때 추가로 옮겨서 기록해 두면 더 많은 나만의 생각이 정리가 되어서 좋겠지요. 종이와 펜이 없다면, 스마트폰의 메모 기능에 기록하거나 녹음을 해 두었다가 이 책에 옮겨 적으셔도 좋습니다. 스마트폰을 활용하였다면 1주일을 넘기지 않는 것이 좋습니다.

특히, 녹음은 녹음시간보다도 녹음 후에 다시 듣고, 받아 적는 시간이 더 오래 걸리기 때문에 자칫 녹음파일이 쌓일 수 있습니다. 종이에 적은 것을 책상 위에 두거나 책 사이에 끼워 두는 등의 방법을 활용한다면 눈에 잘 띄어서 미루는 것을 방지할 수 있습니다.

그렇다면 도대체 왜 이렇게까지 직무에 대해서 알아야 할까요? 개념만 알고 있으면 되지

뭐하러 직무에 대한 나의 생각까지 말로 할 수 있어야 할까요?
가장 중요한 이유는 입사 후에 후회하지 않기 위함입니다.

'어? 내가 생각했던 것과 다르네. 나랑 안 맞아. 못 다니겠어.'

또 다른 이유는 내가 그 직무에 지원했기 때문 입니다.

그렇기 때문에 면접을 준비하는 데 있어서 가장 중요한 것이 무엇이냐고 물어본다면 저는 망설임 없이 '직무'라고 답을 합니다. 단순히 합격을 위해 알아야 하는 것이 아닙니다. 직무는 입사 후에 '삶의 만족도'를 좌지우지할 수 있습니다. 그래서 다소 귀찮더라도 꾸준하게 직무에 대해서 관심을 가져주세요.

'미래는 모르겠고 당장 합격이나 했으면 좋겠다.'라고 생각하는 분도 1단계 – 2주 직무 분석은 반드시 필요합니다. 입사하면 무슨 일을 하는지도 정확하게 모르는 지원자를 보면서 '입사하면 일 잘하겠군.'이라고 생각하는 면접관은 없겠지요. 예를 들어, B2B 영업을 하는 해외영업팀에 지원한 지원자에게 "우리가 당신을 왜 뽑아야 합니까?"라고 질문했다면, 뭐라고 대답하시겠습니까? 해외영업팀이 아니라 자신이 지원하고자 하는 부서로 대답하셔도 좋습니다.

질문 : "우리가 당신을 왜 뽑아야 합니까?"

답변 :

면접코칭을 할 때 많이 나오는 답변 유형으로 대답해 보겠습니다. 여러분의 대답과 어떤 점이 다른지 찾아보세요.

면접관 : "우리가 당신을 왜 뽑아야 합니까?"

지원자 : "네, 저는 그동안 노력한 외국어 실력을 발휘해서 해외 영업을 잘할 자신있습니다. 또한, 다양한 활동을 통해 리더십도 갖추고 있습니다."

답변의 아쉬운 점이 무엇일까요?

면접관은 지원자의 매력이 보여지기를 기대하고 있습니다. 그러나 아쉽게도 지원자의 대답은 부서명을 이해하기 쉽게 설명한 정도에 그쳤습니다. 오히려 무난한 사람으로 보이기도 합니다.

자세히 보면, '해외영업팀'이라는 단어를 문장으로 풀어서 말하고 있습니다. '해외'라는 단어를 위해 외국어 실력을 말하고, '영업'이라는 단어를 위해 활동성을 말했습니다. B2C와 B2B의 기본적인 구분도 되지 않는 것처럼 보이는데요. 실제로 위와 같은 설명 위주의 답변유형을 보이는 분에게 국내영업과 해외영업의 차이점, 영업인의 조건 등 지식 면접처럼 질문을 하면 대답을 잘하는 분이 많습니다.

그렇게 관련 지식을 알고 있는데도 불구하고 질문을 했을 때 단어를 풀어서 설명하는 정도의 답변 유형을 보이는 이유는 둘 중 하나입니다. 연습 방법이 틀렸거나, 연습 부족입니다. 우리는 그 부분의 방법을 1단계를 통해서 학습하고, 매주 연습하고 있는 겁니다.

그렇다면 여러분은 1단계 – 2주의 학습이 끝난 뒤 위의 질문을 받았을 때,

– 1단계 – 1주 그 회사의 매력과 나의 매력을 연결시킨 답변.

– 1단계 – 2주 그 직무의 특성과 나의 능력을 연결시킨 답변.

– 1단계 – 1주, 2주를 학습한 효과로 회사와 직무에 대해서 나를 연결시킨 답변.

이렇게 3가지 답변이 가능하도록 하겠다는 것을 목표로 학습하시면 되겠습니다.

1. 취업을 준비하면서 지원하고 싶다고 생각했던 부서를 모두 적어보세요.

어떤 부서를 적었는지 궁금하네요. 전공과 연관성이 적어도 괜찮습니다. 추후에 부서가 변경되거나 추가하고 싶은 부서가 있다면 꼭 기록하기 바랍니다. 관심이 없어진 부서가 있다면 세모 표시를 하거나, 생각이 바뀐 부서 쪽으로 화살표를 하는 등의 표시를 하세요.

이와 같은 생각의 변화는 면접에서 답변으로 활용되기도 합니다. 만약에 A 부서 입사를 목표로 2년 동안 준비하다가 B 부서로 변경을 했다면, 지난 2년 동안의 활동 내역은 A 부서에 가까울 것입니다. 상대적으로 B 부서를 위해 노력한 부분은 미비하겠지요. 그런 부분을 면접관이 질문했을 때, 당황하지 않고 B 부서가 목표가 된 계기와 자신감을 표현할 수 있으려면 나의 생각 변화를 누구보다 내가 잘 알고 있어야

합니다.

부서가 하는 일을 찾을 때는 검색 사이트 외에도 회사 홈페이지나 관련 기사 등도 활용해보세요. 검색 사이트에서 찾은 사전적 의미 수준으로 작성하면 답변으로 활용하기 어렵습니다. 예를 들어 R&D 부서를 생각한다면 뉴스나 전문 잡지에서 연구원이 인터뷰하는 것을 많이 보십시오. 현재 그 직무를 하고 있는 분들의 관심사, 표현 방법, 계획 등을 쉽게 접할 수 있어서 좋습니다. 그런 자료들을 보면서 무슨 일을 하는 곳인지 나의 생각을 적으십시오.

관련 자료들은 필요 부분만 뽑아서 정리하십시오. 면접코칭을 할 때 보면 열성적인 친구들은 자료를 출력해서 스크랩을 하거나, 보기 편하도록 필요한 부분만 타이핑을 해서 가져오기도 합니다. 생각보다 많은 친구들이 그렇게 하는 모습을 보면서 간절하게 입사를 원한다는 것을 다시금 느끼게 됩니다.

4. 1위로 선택한 부서에 대해서 아래 질문에 답하세요. 작성 후 6번으로 이동하세요.

5. 가고 싶은 부서가 아직은 뚜렷하게 없다면, 2분류로 나누어 3개씩 적어주세요.

드라마에서 주인공 직업이 멋지게 비춰졌을 때, 그해 대입에서 그 관련 학과의 지원 경쟁률이 높아졌다는 기사를 접해본 적 있으시죠? 가을, 겨울 정도에 인기리에 방영된 드라마 주인공이 멋진 요리사라면 요리 관련 학과 경쟁률이 작년보다 높아지고, 주인공이 군인이면 직업군인에 대한 관심도가 높아지기도 하지요. 실제로 대학 특강을 가서 학생들과 관심이 생긴 직업에 대해서 대화를 해보면 '드라마를 보고 흥미가 생겼어요.', '거기서 일한다고 하면 멋져 보일 것 같아서요.' 라고 대답하는 친구들이 많다는 것에 매번 놀랍니다.

놀라는 이유는 대단한 계기를 말하지 않아서가 아닙니다. 초등학교, 중학교, 고등학교로 진학을 하면서 학생들은 성장을 합니다. 많은 지식도 쌓이게 됩니다. 그런데 유독 '미래와 관련된 대화'에서는 학생들의 답변이 퇴화하는 느낌을 받게 되거든요.

이유가 궁금했습니다. 대입시험이 학력고사에서 수능으로 바뀌면서 학생들은 암기 위주가 아니라 논리적인 사고력을 더 키울 수 있게 되었습니다. 그런데도, 본인의 미래에 대해서 생각하고 말을 하는 능력이 부족한 이유는 무엇일까요? 어떻게 하면 나에 대한 이야기를 잘 말할 수 있을까요? 저는 그 방법을 의외의 장소에서 찾을 수 있었습니다.

평소 대학이나 기업에서 강의를 하다 보니, 거의 성인을 대상으로 일을 해 왔기 때문에 어린이는 만날 기회가 없었는데요. 우연한 기회에 초등학생들 대상으로 스피치 특강을 한 적이 있습니다. 그때 만났던 초등학교 고학년 학생들은 미래에 대한 생각을 말할 때, 기-승-전-결까지는 아니어도 이유와 결론이 있고, 당당하게 손을 들며 말을 했습니다. 초롱초롱한 눈빛으로 발표 기회를 위해서 손을 번쩍번쩍 드는 모습은 여러분의 초등학교 시절하고 똑같지요?

우리도 그런 시절이 있었습니다. 초등학교 시절로 잠시 시간 이동을 해 봅시다. 장래희망을 물어보는 질문은 한 번쯤 받아보셨을 겁니다. 무엇이 되고 싶다고 대답하셨나요? 대통령, 아나운서, 수학자 등 다양한 직업이 나왔겠지요. 그때, 주위 어른들의 표정을 떠올려보면, '수학자는 아무나 되는 것이 아니야.' 혹은 '너는 힘들어. 말도 안 되는 소리.'와 같은 평가를 들었나요? 아니죠? 우리 대부분의 기억 속에는 당차게 꿈을 말하는 어여쁜 모습에 어른들은 미소를 지으며 경청해 주셨을 것입니다. 우리는 이렇게 누군가와 대화를 할 때 상대가 누구인지를 확인합니다. 상대가 초등학생이라면, 초등학생 수준의 지식과 어휘를 감안해서 이야기를 들어 줄 준비가 되어있습니다. 다소 현실성이 없는 내용이라도 진정성을 느껴서 칭찬을 하거나 조언을 하게 됩니다.

제가 하고 싶은 이야기도 마찬가지입니다. 면접장에서 면접관은 어른이고, 우리는 초등학교 학생과 같습니다. 면접관이 대화할 상대가 여러분이라는 것을 잘 알고 있고, 그것을 감안해서 들어줄 준비가 되어있습니다. 즉, 면접관은 지식과 화술이라는 '포장'보다도 진정성이라는 '내용물'에 중점을 두고 듣습니다.

문제는 여기서 발생합니다. 지원자는 내용물을 포장하는 데 급급합니다. 답변이 퇴화하고 있었다고 느꼈던 원인 중 하나도 여기에 있었습니다.

4번, 5번을 작성할 때, "이게 뭐가 중요해?", "대충 써야지."라고 적극성 없이 접근하셨다면 포장에 중점을 두고 있으신 겁니다. 우리가 1단계, 2단계, 3단계를 진행하고 있는데요. 내용물과 포장으로 나누어 본다면, 1단계 : 내용물 / 2단계 : 내용물 / 3단계 : 포장입니다. 포장은 기대감을 극대화시켜 주는 장점 덕분에 첫인상을 위해 필요합니다. 그러나 포장을 뜯었을 때 그 기대감을 만족시켜 줄 수 있는 내용물을 갖추었을 때만 포장을 해야 할 것입니다.

취업 준비생은 면접관의 눈에 '앞으로 회사의 미래를 함께 이끌어 갈 어여쁜 예비 신입사원'으로 보인다는 점을 항상 기억하십시오. 그들이 기대하는 모습이 있을 것입니다. 포장은 3단계로 넘기고, 지금은 1단계에 집중하겠습니다.

면접관은 여러분에게

- 미래에 대한 계획을 세운 대단한 계기보다는, 진솔한 나의 생각을 더 듣고 싶어 하겠지요.
- 미래에 대한 계획 달성을 위해 무조건 열심히 보다는, 체계적 계획을 가진 학생을 좋아하겠지요.

이것이 4번, 5번을 집중해서 작성해야 하는 이유입니다.

4번의 (1) (2) (3)을 시간 순서로 나열하면, (1) – (3) – (2)가 됩니다.

(1) 직무를 정해서 입사를 하고 – (3) 꾸준하게 노력을 하고 – (2) 10년 뒤 이루고자 하는 바를 구체적으로 정해서 흐름을 잡고 6번에서 답변을 하시면 됩니다.

4번의 (3)은 메모 칸을 활용해서 그림을 그려보는 것도 좋습니다. 무조건 시간 순서대로 나열하려고 하면, 회사와 직무와는 무관하게 억지로 적게 되기도 하는데요. 그것보다는 꼭 이루고 싶은 목표 먼저 작성하십시오.

예

입사 → 입사 후 1년 : 중국어학원 등록

→ 입사 후 2, 3년 : ______

→ 입사 후 5년 : 중국 지사 발령, 지사 발령 전에 결혼하기

→ 입사 후 6, 7, 8년 : ______

→ 입사 후 9, 10년 : ______

중국 지사 발령에 대한 계획 정도만 생각하고 있다면, 그 내용 먼저 기록합니다. 이렇게 기록을 하고 보면, 입사 후 2, 3년 차에는 어학 외에 지사 발령을 위해서 무엇을 더 해야 하는지 고민할 수 있습니다. 그리고 입사 후 4년 동안 지사 발령에만 목표를 두는 것은 부족하다고 느낄 수 있겠지요. 이렇게 생각나는 것부터 적으면서 내용을 추가하게 되면 구체화되면서도 연결고리가 있는 답변이 가능하게 됩니다.

5번. 3단계가 끝나기 전에 희망 부서가 확고해지는 것을 목표로 잡아 보세요. 그러기 위해서는 절대 가고 싶지 않은 것부터 걸러내야 합니다. 3개를 걸러내는 것을 하셨다면 그것이 선택된 이유를 3가지씩 적어보십시오. 3개가 부서는 다르지만, 선택되어진 이유가 중복되는 것도 있을 겁니다. 어렴풋하게 싫어하던 부서에 대해서 구체적으로 적어봄으로써 나의 성격, 적성, 흥미 등을 바라볼 수 있는 시간이 5번입니다.

고생하셨습니다. 1단계 – 2주를 마치겠습니다.

1단계 – 3주

안녕하세요. 세 번째 시간입니다.

오늘은 우리가 고심해서 결정한 직무에 대해서 좀 더 구체적으로 생각해 보는 시간을 마련했습니다.

인터넷으로 찾아보는 항목이 있기 때문에 가능하면 인터넷을 사용할 수 있는 공간에서 진행하시기 바랍니다. 인터넷 사용 시간은 개인차가 있겠지만 대략 1시간입니다.

지난주까지는 질문 작성을 모두 마친 뒤에 면접코칭 내용을 읽었습니다. 오늘은 순서를 바꿔서 하겠습니다.

1번 설명을 읽고, 1, 2번 작성을 하시면 됩니다.

3번 설명을 읽고, 3번 작성을 하시면 됩니다.

4번 설명을 읽고, 4번 작성을 하시면 됩니다.

5번 설명을 읽고, 5번 작성을 하시면 됩니다.

6번 설명을 읽고, 6번 작성을 하시면 됩니다.

[1단계 – 3주 강의]

1. 지원하고 싶은 부서를 적으세요.

본인이 지원한 회사에 대한 사전 지식 없이 면접장에 앉아 있는 지원자가 너무나 많습니다. 더 당황스러운 것은 그것이 왜 문제인지 지원자가 모른다는 점입니다. 문제라고 인식하지 못하는 가장 큰 이유는 우리가 앞에서 배웠던 것처럼 예상 질문에 대한 답변 연습은 많이 했기 때문에 나름대로는 면접 준비가 되었다고 믿기 때문입니다.

지난 2주 동안 1단계를 착실하게 진행했다면 이제 '당연히 알아야지.'라고 생각할 것입니다. 더 나아가서 이제는 회사와 직무에 대해서 어떻게 접근할 것인지 대략적인 그림이 그려질 것입니다.

회사 홈페이지에 적혀 있는 내용을 모두 외우면 될까요? 아니죠. 정보를 기반으로 내가 왜 **회사, **부서를 원하는지 나와 연결고리를 만들 수 있어야 합니다.

3. 내가 관심 있는 직무를 파악하자.

2번 1위에 적은 것부터 확인을 합니다.

1, 2, 3위 모두 찾다 보면 같은 직무라도 회사마다 정보가 조금씩 다르다는 것을 찾을 수 있습니다. 그 내용들 중에서 내가 몰랐던 부분을 5줄 이상 적으시면 됩니다. 평소 글을 적는 습관이 안 되어 있기 때문에 5줄씩 적다 보면 팔이 아프겠지만, 반드시 바른 글씨로 써주세요. 면접 보기 전날까지 수시로 읽게 될 내용이기 때문에 오늘 이후에 내용을 추가할 때는 기존에 적혀있는 색깔과는 다른 색깔의 펜으로 적어서 구분이 되도록 해주세요.

작성할 때 회사 홈페이지에서 느껴지는 느낌도 적어보세요. 예를 들면, 평소 회사 이미지와 홈페이지를 봤을 때 이미지가 비슷했는데, 어떤 점 때문이었는지 적어보시는 것도 좋겠지요.

1단계 - 1주 부터 분석하는 눈 키우기를 하고 있지만, 아직 인터넷에서 자료를 찾는 것이 힘든 분이 많으실 겁니다. 회사 관련 자료는 도대체 어디서 찾아야 하는지 모르겠다는 질문도 많이 받는데요. 이제 3번째 시간이기 때문에 조급하게 생각하지 마시고, 지난주와 다른 방법으로 접근하려는 시도와 1단계 - 1주 , 2주 의 내용을 접목하려는 노력이면 충분합니다. 예를 들어, 도서관에 기업 관련 잡지를 보면서 내가 선택한 회사나 직무와 비슷한 곳의 기사를 보면서 정보를 찾을 수도 있겠지요. 그러한 잡지는 인터넷이나 신문처럼 대중적이기보다는 특정

독자들을 위해서 발행되기 때문에 내용을 좀 더 깊이 있게 다루기도 합니다.

남들이 못 찾는 자료를 찾는 것이 아니라, 깊이가 있도록 하는 작업이라는 것을 기억하면서 작성 바랍니다.

4. 직무에 대해서 제대로 알자.

3번을 작성할 때 샤프 혹은 검정볼펜을 사용했다면, 검정색이 아닌 다른 색깔 볼펜을 찾아주세요. 형광펜도 좋습니다. → 정성스럽게 적은 3번의 내용 중에서 내가 모르는 단어를 동그라미로 표시하세요. → 그리고 그 단어 의미를 찾아서 정리합니다.

정리한 내용을 내 것으로 만들어야 합니다. 암기한다는 생각보다는 이해한다는 느낌으로 '아~ 이런 것을 할 수 있으면 좋겠구나.', '이런 용어도 있었구나. 몰랐던 부분이네.'라고 말해야 합니다. 지금 우리의 작업은 면접 대비이므로, 머릿속 생각을 입 밖으로 말하고 그 목소리가 내 귀에 들리도록 하는 것이 필요합니다. 만약에 지금 배가 고프거나 집중력이 떨어져서 목소리 내는 것이 귀찮다면 잠시 휴식 시간을 가진 후에 다시 시작하세요.

5. 직무에 대비하자.

자신의 어린 시절을 몇 살부터 기억할 수 있나요? 2살 때 기저귀를 차고 아장아장 걸어 다녔던 기억이 있습니까? 6살 때 유치원에서 졸업장을 받은 기억이 있습니까?

언제부터라도 좋습니다. 기억이 나는 시점부터 지금까지 나의 모든 기억 중에서 내가 선택한 직무와 연관된 학습 내용, 경험, 생각 등을 적으시면 됩니다.

예

부서 : 기획부

필요 역량 : 전문적인 분석력, 프레젠테이션, 이해력, 재무 관련 전공지식 등.

관련 경험 : 대학교 2학년 수강 – ○○○과목, 학점 B+, 기억에 남는 교수님 말씀, 시간 가는 줄 모르고 공부했던 부분 등.

동아리 ○○ 활동 – 분석력을 갖출 수 있었던 경험.

○○기업 인턴 6개월 – 내가 가진 역량을 펼쳐 보일 수 있으려면 프레젠테이션 능력이 필요하다는 것을 실감하는 계기.

초등학교 운동회 – 5학년 전체가 부채춤을 함께 연습할 때, 드론을 띄워 위에서 보는 것처럼 전체를 상상하는 방법 덕분에 이해가 빨랐음. 이는 공부할 때도, 단원 전체를 먼저 보고 세부 단원을 학습함으로써 이해력이 좋다는 칭찬을 많이 들었음.

6. 발표 시간

1번부터 5번까지 작성한 것을 보면 뿌듯한 마음이 들지 않으시나요? 다른 사람도 아닌, 내가 직접 생각하고, 찾아보고, 정리한 내용들입니다. 면접에서 반드시 활용하게 될 내용들이기에 잘 숙지하신다면 차별화된 답변을 하는 데 큰 도움이 될 것입니다.

오늘 학습 내용이 쉽지 않은데 이렇게 5번까지 진행하느라 고생하셨습니다. 이제 발표를 통해서 1단계 – 3주를 완성하겠습니다. 요리사로 비유하자면, 감탄사가 나올 만큼 맛있는 요리를 만들었는데 접시에 담을 때 지저분하게 담거나 그릇하고 요리가 안 어울린다면 손님은 그 요리를 먹기도 전에 식욕이 떨어질지도 모릅니다. 오늘 1~5번을 통해서 맛있는 요리를 만들었습니다.

이제 맛있어 보이게 그릇에 담아내면 됩니다. 나만의 답변을 위해 힘들게 만든 것에 비교하면 발표하는 것은 쉬운 일입니다. 그런데, 6번을 반복해서 연습하다 보면 더 맛있어 보이는 방법이 보입니다.

제가 전달하고 싶은 이야기는 1~5번의 과정이 중요하지만, 6번 연습이 없다면 완성도가 떨어져 보인다는 것입니다. 그래서 발표까지 집중해서 연습하시기 바랍니다. 3주 차 정도가 되면, 발표가 어색하다는 이유로 조금이나마 용기 내서 연습하던 것을 소홀하게 되기도 하는데요. 작심삼일처럼 작심 3주 차로 끝나지 않도록 끝까지 연습 바랍니다.

방법은 1단계 – [1주], [2주]와 동일합니다. 예시 (1)~(5)와 똑같이 안 하셔도 됩니다. 앞에 사람이 있다고 생각하시고 편안하게 희망 직무에 대한 내 생각을 말씀하세요.

1. 이력서를 10곳, 50곳, 100곳 이상을 지원하다 보면, 여러 가지 이유로 인하여 직무가 다양하게 선택되기도 합니다. 지원한 곳의 직무가 모두 동일하면 면접을 준비하는데 더없이 좋겠지만 쉽지 않은 일 입니다. 그래서 우리는 직무가 다른 곳에 면접을 보더라도 대응할 수 있도록 준비를 하셔야 합니다.
   준비하는 요령만 알면 어렵지 않습니다. 다만, 시간을 더 필요로 하겠지요. 3개의 다른 직무를 선택했다면, 오늘 진행하는 작업을 3번 반복하시면 됩니다.
   그럼, 우선 1개를 골라서 연습하도록 하겠습니다. 꼭 지원할 것 같거나 현재 가장 흥미 있는 직무를 적어보세요.

2. **1번의 직무가 있는 회사 중 3곳을 정해서 가고 싶은 순서대로 적어주세요.**
   직무가 같아도 회사마다 부서명이 다를 수 있습니다. 정확한 부서명을 적어주세요.

	회사명	지원 부서명
1위	(　　　　　)	(　　　　　)
2위	(　　　　　)	(　　　　　)
3위	(　　　　　)	(　　　　　)

3. **3번부터는 인터넷의 도움을 받으면서 작성하시면 됩니다.**

2번 1위에 적혀있는 회사 관련 자료를 찾아주세요. 그 회사의 직원이 몇 명인지, 내가 지원한 부서가 하는 일이 무엇이고, 그 부서에서 일을 하려면 어떤 능력이 필요한지 등 회사에 대해서 다각도로 찾아보고 몰랐던 부분을 5줄 이상 적습니다.

2번 1위

2번 2위를 위와 동일하게 진행합니다.

2번 3위를 위와 동일하게 진행합니다.

메모 [추가 작성이 필요할 때 활용하세요.]

4. 형광펜 혹은 볼펜(3번 작성한 색깔과 다른 색깔의 볼펜)을 찾아주세요.

3번에서 15줄 이상 기록한 내용을 보면서 이해가 안 가는 단어, 용어 등에 표시하세요. 이제 표시된 것 1개씩 인터넷을 이용하여 내용을 찾아 적어주세요. 필요하다면 자료를 출력하거나, 인터넷 주소를 즐겨찾기로 해서 나중에 빠르게 찾을 수 있도록 하시면 효율적이겠지요. 출력을 했다고 해서 책에 적지 않고, 출력물에 줄을 긋는 것으로 대체하시면 안 됩니다.

5. 3, 4번에 적혀있는 직무를 잘하기 위해서는 어떤 준비가 필요한지 적어주세요.

(예시 – ○○자격증 : 자격증 학습 방법, 응시 일정 등 자격증 관련내용 기록)

(예시 – 커뮤니케이션 능력 : 관련 서적을 꾸준하게 읽으며, 생활화하도록 연습)

머릿속으로만 생각하면 놓치는 부분이 있을 수 있기 때문에 성적표에 나와 있는 과목들을 보면서 확인하면 좋습니다. 과목을 찾았다면 책의 목차를 보면서 상세하게 기록하면 좋겠지요. 직무와 관련이 있다고 판단되는 내용은 목차만 익히는 것이 아니라 관련 책과 필기 노트 등을 찾아 두십시오. 앞으로는 전공질문에 대비한 공부도 해야 하므로 미리 익숙해질 수 있는 기회입니다.

작성한 것 중에서 내가 잘하는 것은 동그라미(○), 준비 상태가 아직 30% 미만인 것은 물결표시(~)를 합니다.

메모 [추가 작성이 필요할 때 활용하세요.]

6. 열심히 고민하고 작성한 내용을 대화하듯이 크게 말해주세요. 이때 친구가 앞에 있다고 생각하며 1번을 말하고, 다음으로 면접관이 앞에 있다고 생각하며 2번을 말하세요. 책을 읽는 딱딱한 느낌이 아니라 친구에게 새로 산 스마트폰을 자랑하듯이 자연스럽고 자신감 있게 회사의 특징을 말해주세요.

[예시]

(1) (　)직무로 지원하고자 하는데요.

(2) 특히, (　　) 기업에 입사를 희망합니다.

(3) 다른 기업과 비교해서 (　)면이 있어서 마음에 들었습니다.

(4) 합격을 위해서는 대학교 때 배운 (　), (언제) 경험했던 (　　) 등이 도움이 된다고 생각했습니다. 아직은 (　)만 가능하고, (　　)점은 부족합니다. 앞으로 남은 시간 열심히 노력해서

(5) 간절하게 입사하고 싶은 ○○기업의 신입사원이 꼭 되고 싶습니다.

메모 [추가 작성이 필요할 때 활용하세요.]

중간에 1번 이상은 쉬는 시간을 가지고, 10번 이상은 면접과 상관없는 다른 생각도 하면서 6번까지 겨우 진행하지 않으셨나요? 인터넷으로 자료를 찾다 보면, 쇼핑이나 게임을 하게 되기도 하는데 그런 유혹을 뿌리치고 6번까지 마무리하셔서 저 역시 기쁩니다.

6번까지 끝내기는 했지만, 지난 1주 차와 2주 차보다는 다소 만족스럽지 못하다는 생각이 들지 않으신가요? 지금까지 저와 함께 연습을 했던 선배들 90% 이상이 그랬답니다. 물론 반대로 생각하시는 분도 있으시겠지요. 만족스러웠다면 오늘 학습에서 상위 10% 이내였을 확률이 큽니다.

만족스럽지 못한 분들은 게으름을 피웠다는 것이 절대 아닙니다. 그동안 저와 만났던 분들을 보면, 직무에 대한 평소에 알고 있었던 기본적 지식, 정보를 찾는 능력에서 차이가 조금 생겼습니다. 다음으로는 그 내용과 나의 경험들을 어떻게 접목할 것인가 하는 부분에서 다시 차이가 났습니다. 차이를 좁히기 위해서는 직무에 관심을 가져주셔야 합니다.

고생하셨습니다. 1단계 – 3주 를 마치겠습니다.

1단계 – 4주

※ 4주, 8주, 12주 : 총 3번은 ☆ 7장도 함께 공부하는 날입니다.

오늘은 1단계 마지막 시간으로 1단계를 총정리하고, 7장 정독까지 하도록 하겠습니다.

3주 동안 열심히 노력한 내용들을 입 밖으로 소리 내는 것이 아직까지는 다소 어색하지요? 그렇다고 우리가 노력한 내용을 면접관에게 말로 표현하지 않고 내 마음을 알아 달라고 할 수는 없다 보니, 반복 연습으로 극복하는 방법밖에는 없는 것 같습니다.

1단계 – 1주~4주는 [내가 원하는 회사와 직무를 파악하라]는 목표를 가지고 시작했습니다. 그 목표 못지않게 강조한 것이 바로 소리를 내서 말하는 연습이었습니다. [내가 만든 답변을 3번씩 발표하기]가 필요하다는 것을 설득하기 위해 여러 차례 반복해서 강조했는데요. 숨겨져 있던 또 다른 목표이기도 합니다.

- 1단계에서 '참 끈질기게 이야기하는구나!'라고 귀찮아하면서도 1단계 – 4주에서 당차게 발표하는 것이 목표입니다.
- 2단계 – 8주에서는 발표가 부담되긴 하지만, 안 했을 때 찜찜함이 느껴지는 것이 목표입니다.
- 3단계 – 9주부터는 노래를 흥얼흥얼하듯이 자연스럽게 작성할 때부터 말을 하는 것이 목표입니다.

매주 다른 목표를 가지고 단계별 연습하는 것과는 별도로 소리를 내서 발표하는 과정은 3개월 내내 반복하면서 조금씩 개선될 수 있도록 구성하였습니다. 반복과 정성이 꾸준하게 들어가야 합니다. 특히, 각 단계의 마지막 주(4주, 8주, 12주)는 복습하는 시간이기 때문에 더 중요합니다.

오늘은 [내가 원하는 회사와 직무를 파악하고, 정리된 생각을 자신감 있게 발표하기]라는 목표를 가지고 1단계를 총정리하겠습니다.

아래 5가지 질문이 있습니다. 1단계 - 1주 2주 3주를 통해 학습한 내용을 토대로 충분히 답변할 수 있는 질문입니다.

여기서 잠깐! 우리가 그 전에 할 일이 있습니다. 1단계 - 1주부터 2주, 3주까지 차례대로 천천히 내가 적은 내용을 읽어보는 것입니다. 최선을 다해서 작성했던 글이지만, 지금 읽다 보면 수정하고 싶은 부분이 보일 겁니다. 그럴 때는 망설이지 말고, 작성한 글 밑에 공간을 활용하여 적어주세요.

전체적으로 내용을 바꾸고 싶다면 첫 문장부터 끝 문장까지 다시 적어야 하겠지만, 일부분만 수정하는 것이라면 화살표를 활용하여 아래 공란에 변경되는 내용만 적어주세요. 한 달 뒤에 다시 그 글을 읽을 때면 또 적을 내용이 생기겠지요. 그럴 때를 대비해서 작성 공간을 위에서부터 차근차근 적는 것이 좋습니다.

그럼, 이제 앞으로 돌아가서 우리가 작성한 글을 읽어볼까요?
예상 소요시간은 1시간으로 정하고 1주 20분, 2주 20분, 3주 20분

동안 복습을 하겠습니다.

3주에 걸쳐서 작성된 글을 쭉 읽으면서 조금씩 잊어버리고 있던 내용도 복습하고, 내가 일하고 싶은 회사와 직무에 대한 그림도 그려보았습니다. 이제 복습한 것을 토대로 모의 면접을 하려고 합니다.

질문은 5개입니다. 오늘은 완벽한 답변에 중점을 두기보다는 복습한 것들을 끄집어내어 자연스럽게 연결시켜 보십시오.

스마트폰으로 녹음 후에 반복해서 들어보면 나의 개선점을 찾는 데 도움이 많이 됩니다.

녹음 활용 방법

→ 3번 연습 중에서 마지막 것으로 녹음을 한다.

→ 녹음된 시간을 기록한다.

→ 녹음한 것을 3번 이상 듣는다 : 내용 흐름, 언어 습관, 틀린 표현, 시간 등 확인

→ 개선된 내용으로 다시 한 번 녹음하면서 답변한다.

→ 녹음한 것을 1번 듣는다 : 개선된 내용과 아직 미흡한 내용을 기록한다.

여기는 면접장입니다.
질문을 듣고 실제 면접을 본다고 생각하며 답변하시기 바랍니다.

(희망하는 회사를 1곳 정하고, 면접 당일의 나를 상상하며 적어봅시다.)
회사명 :
지원부서 :
회사위치 :

면접날짜 : (희망하는 날짜를 적어주세요.)　　년　월　일　요일

면접의상 : (옷, 구두, 헤어 등 계획한 만큼 작성 바랍니다)

의상 –

헤어 –

액세서리(구두, 귀걸이, 시계 등) –

준비물(가방에 넣어갈 물품) –

1. 지원자가 생각하는 우리 회사의 경쟁기업은 어디입니까?
경쟁 기업이 아니라 우리 회사에 지원한 특별한 이유가 있습니까?

*주의 사항

작성하는 방법은 아래 2가지 중에 선택하세요.

1) 대화체로 작성한다.(문어체 X)

2) 중요 단어와 화살표를 이용해서 이야기의 흐름을 확인할 수 있도록 작성한다.

2. 우리 회사에 대해서 아는 것이 있으면 말해보세요.

첫째,

둘째,

셋째,

3. 본인을 뽑아야 하는 이유 3가지를 말해보세요.

첫째,

둘째,

셋째,

4. 지원한 직무에서 가장 중요한 가치는 무엇인가요?

5. 훌륭한 회사는 어떠한 방향으로 나아가는 회사입니까?

[1단계 – 4주 강의]

답변 소요시간을 적어주세요. (예시. 1번 : 1분 25초, 2번 : 59초)

별도로 시간을 측정하지 않아도 녹음 파일에 보면 시간이 나오기 때문에 어렵지 않게 적을 수 있을 겁니다. 권장하는 답변 시간은 50초~120초입니다. 실제 면접에서 위와 같은 질문은 50초 내외로 답변하면 적당하지만, 연습은 50초~120초 사이로 다양하게 답변을 해보세요. 그래서 '이 정도 말하면 70초 정도 되겠구나.', '90초가 넘어가는 것 같네. 이제 마무리해야겠다.'처럼 답변하면서 소요시간을 알 수 있도록 연습하십시오.

1번부터 5번까지 중에서 50초 이상 2분 이내에서 벗어난 답변이 있다면, 녹음을 들어보고 내용을 수정해서 시간을 맞춰보세요.

오늘 답변이 잘되었는지 여부는 쉽게 확인할 수 있습니다. 1단계 – 1주, 2주, 3주에서 작성한 글과 1단계 – 4주의 답변이 똑같을수록 안 좋습니다.

예를 들어, '회사에 대해 아는 것을 적으세요.'라는 2번 질문을 받고,

1단계 – 1주 4번 질문의 답을 보면서 적었거나, 복습한 내용을 떠올리며 똑같이 적었다. (×)

1단계 – 1주 4번 질문에서 3개의 회사를 적으면서 차이점을 발견했거나, 1단계 – 2주 4번 질문을 하면서 10년 이상을 함께 하고 싶을 정도로 회사의 미래가 밝다고 느꼈고, 그 이유를 적었다. (○)

다르게 답변해야 한다는 것은 1주, 2주, 3주 내용을 국어, 영어, 수

학처럼 떨어트려서 생각하지 말고 함께 사용하자는 것입니다. 필요에 따라서 1주+2주, 1주+3주, 2주, 1주+2주+3주 등 다양하게 활용하셔야 합니다. 1주, 2주, 3주를 각각 정확하게 알고 있어야 하는 것은 맞습니다. 하지만 그것을 활용하지 못한다면, 암기한 느낌을 주거나 질문이 조금만 바뀌어도 당황할 수 있습니다.

● 활용을 거의 못했다고 생각하는 분은 다시 한 번 녹음을 하면서 답변한 후에 들어보십시오. 변화가 있다면 다음 주에 2단계로 넘어가십시오.

● 아직까지는 활용하는 것이 어렵다면 복습이 조금 더 필요합니다. 그렇다고 오늘 더 연습하거나 다음 주에 2단계로 들어가지 않고, 또 1단계를 하는 것은 비효율적입니다. 원래 계획대로 진행을 하면서 틈틈이 1단계 복습시간을 가져보기를 권합니다.

2단계가 1단계와 분리되는 것이 아니라 2단계도 1단계와 접목을 해야 합니다. 말을 하는 것이 면접이기 때문에 완벽하게 끝내고 넘어간다는 것은 없습니다. '내가 1단계에 조금 더 관심을 가져야지.'라고 느끼며 평소에 꾸준하게 신경 쓰면서, 2단계는 예정대로 다음 주에 진행하십시오.

이것으로 1단계를 모두 마치겠습니다. 고생하셨습니다.

interview

5장
주별 연습 3개월 2/3
- 2단계 : 나만의 명답을 만들어라.

1 - 2 - 3 합격공식 :	주 1회 - 일 2시간 - 발표 3번
	주 1회 진행
	하루 최소 2시간 집중 연습
	대화하듯이 3번 발표

2단계에 오신 것을 축하합니다.

평소 생각만 하던 것을 대화하듯이 글로 적고 소리 내어 읽는 어색함을 이겨내 주신 모든 분께 박수를 보냅니다. 1단계는 우리가 지금 준비하고 있는 회사에 대해서 생각을 정리하여 말하는 연습을 했습니다. 한 달의 노력으로 '회사에 대한 생각 접근법', '직무와 나의 연결법'에 대해서 말할 수 있게 되었습니다.

면접을 앞둔 분들과 공부를 하다 보면, 2단계로 넘어가려고 할 때 1단계의 부족했던 부분이 아쉽게 느껴지면서 "오늘만 다시 1단계 정리해서 완벽하게 하고, 내일 2단계 시작하면 안 될까요?"라고 질문하는 친구들이 많았습니다.

'아니요, 그런 생각 안 했습니다.'라면 바로 2단계 – 5주 로 넘어가시면 됩니다.

'맞아요, 저도 그렇게 생각했습니다.'라고 생각하셨나요? 그래도 2단계 – 5주 로 넘어가시면 됩니다.

면접은 수학문제와 다릅니다. 수학공식을 잘 못 외웠다면, 아무리 문제를 많이 풀어도 소용없겠지요. 하지만, 면접은 '면접에서 나는 어떻게 해야 하는가?'라는 큰 그림을 우선 그릴 수 있어야 합니다.

그러기 위해서는 1, 2, 3단계를 시간에 맞추어 차근차근 진행하는 것이 가장 중요합니다. 위에서 "아니요."라고 대답했어도 막상 앞 장을 다시 읽어보면 수정하고 싶은 부분이 나오기 마련입니다. 지금 1단계를 보면서 2줄만 바꾸고 싶다면, 3단계를 마치고 다시 1단계로 갔을 때는 10줄, 아니 통째로 수정하고 싶은 마음이 들도록 하는 것이 우리가 순서를 지켜야 하는 이유입니다. 유턴은 없습니다. 바로 직진하세요. 지금도 충분히 잘하고 있습니다.

2단계 - 5주

내가 살아온 삶을 1문장으로 만들기는 힘들지만, 아래 1)번과 2)번 중에서 굳이 고른다고 한다면, 나는 어느 쪽입니까?

1) 나는 20년 이상 살아오면서 큰 사건 사고 없이 초등학교, 중학교, 고등학교, 대학교를 다니고 이제 취업을 준비하고 있다.

2) 나는 드라마에서나 볼 수 있을 법한 굴곡이 많았다.

1)번 아니면 2)번으로 소리 내서 대답하셨지요?

그럼, 이번에는 질문을 바꿔보겠습니다.

면접 준비하는 분들 1,000명에게 같은 질문을 했을 때 1번과 2번 중에서 몇 번이 월등하게 많을까요?

네, 맞습니다. 1)번입니다.

드라마 소재로 활용되어 주인공이 큰일을 겪거나, 뉴스에 사건 사고로 방송되는 것은 그만큼 일반적인 일은 아니라는 반증이기도 합니다. 보이스피싱, 뺑소니 교통사고, 로또 당첨, 자영업자의 어려움 등의 뉴스가 누구나 한 번쯤 있음직한 경험은 아닌 것처럼 말입니다. 그러니까 무난하게 학창시절을 보낸 것은 일반적인 생활이고, 험난한 학창시절을 보낸 것이 특이한 생활이었다고 볼 수 있는 것이죠.

그런데 참 이상합니다. "자기소개를 해 보세요.", "기억에 남는 일이 뭐가 있을까요?"라고 질문을 하면 "저는 정말로 특별히 말할 것이 없는데요. 저 같은 경우는 어떻게 하나요?" 라고 도리어 저에게 질문합니다.

이렇게 질문하는 분께 다시 질문하고 싶습니다.

면접장에서 답변을 잘하는 분들은 모두 2)번에 해당되는 걸까요?

1)번에 해당되는 대다수 경쟁자들은 면접에서 아무런 대답도 못하는 걸까요?

"아닙니다."

그럼 1)번에 해당되는데, 면접을 잘 보는 지원자들은 무슨 말을 할까요?

〈1장. 면접이란 무엇인가?〉의 내용을 떠올려보면, 질문의 의도를 파악하셨으리라 생각되는데요.

면접은 큰 경험에 중점을 두는 것이 아니라, 작은 경험이라도 무엇을 느꼈는지를 듣고 싶어 합니다. 예를 들어, 집 근처에서 폐지 줍는 할아버지의 손수레를 함께 밀어 드린 경험을 가지고도 얼마든지 면접 때 경험담으로 이야기할 수 있습니다. 또는 지하철을 타고 면접장에 왔는데, 출근 시간이라 그런지 지하철이 만원이었다고 해보죠. 짜증 나기보다는 나도 직장인이 된 것 같은 느낌을 받았다면 그 경험을 가지고도 대답할 수 있는 것이 면접입니다.

그럼 이제는 큰 교통사고로 수술을 했거나, 외국에서 중학교 시절을 보냈다거나 하는 등의 사건들이 없기 때문에 면접에서 딱히 답변할 것이 없다는 생각은 안 하시겠죠?

이렇게 말씀을 드려도 '아무리 그렇다고 해도 주위 친구들보다 제가 더 평범하게 지냈기 때문에 할 말이 없어요.'라고 말씀하시는 분도 있으실 겁니다. 내 친구는 아르바이트 경험이 많거나, 학점이나 어학 성적을 올리게 된 사연이 있거나, 수상경력이 있거나 하는 등 나와는 다른 무언가 특별함이 있는 것 같나요?

이야깃거리가 없다고 절대 좌절하지 마십시오.

물론, 2)번에 해당이 된다면 답변을 할 때 첫 문장은 이목을 끌 수 있습니다. 그런데, 첫 문장만으로 평가가 되는 것이 아니기 때문에 1)번이든 2)번이든 중요하지 않습니다. 면접을 연습할 때 첫 문장이 쉽게 풀리느냐 첫 문장을 고심하느냐의 차이가 있을 뿐입니다.

우려되는 만큼 더 열심히 이번 2단계를 저와 함께해 주시기 바랍니다. 5장(2단계)이 끝날 때는 “나만의 맞춤 연습을 안 해서 그랬구나. 이제 할 수 있어.”라고 자신있게 말하겠다는 목표를 가지고, 걱정 대신 열정으로 2단계를 시작하겠습니다.

2단계를 마칠 때는 ‘나’에 대해서 말할 수 있도록 해 봅시다.

2단계 역시 1개월 분량으로 1–2–3 합격공식은 그대로 유지됩니다.

2단계 : 5주 차 – 나를 찾아라.

2단계 : 6주 차 – 직무와 나를 연결시켜라.

2단계 : 7주 차 – 롤모델을 만들어라.

2단계 : 8주 차 – 면접에서의 나를 완성시켜라.

2단계 – 5주는 예상하셨겠지만, 나의 ‘과거’에 대해서 기록하는 시간입니다. 그런데 어떻게 기록해야 할까요? 과거의 기록을 본격적으로 들어가기에 앞서서 몸풀기 먼저 하겠습니다. 체크리스트 부분을 적어주세요.

〈체크리스트〉

1. 여행을 가거나 공부를 할 때 사전에 계획을 세우는 편입니까? 아니면, 진행을 하면서 그때그때 상황에 따라 대처하는 편입니까?

2. 오늘 오후에 2개, 저녁에 1개의 약속이 있다고 합시다. 장소는 모두 다른 곳이고, 시간을 내가 정해야 합니다. 시간을 정할 때 이동 시간을 철저하게 계산을 하시겠습니까? 아니면, 기다리는 시간이 있더라도 여유 있게 약속을 잡겠습니까?

3. 운동을 좋아합니까?
   운동을 관람하는 것과 직접 하는 것 중 어느 쪽을 더 좋아합니까?
   운동이 싫다면 운동 외에 좋아하는 것이 있습니까?

4. 좋아하는 운동 혹은 취미를 적어주세요.
   좋아하는 것을 할 때 특이한 점이 있나요? 예를 들면, 밥을 안 먹어도 배가 안 고프다거나, 취미활동 시간이 끝나면 공부가 너무나 잘 되는 등의 특이한 점을 모두 적으세요.

5. 좌뇌(추리, 전략, 논리 등)와 우뇌(상상, 공간지각, 감성 등) 중 어느 쪽이 더 뛰어난 것 같습니까?
   그렇게 결정하게 된 경험이나 이유를 적어주세요.

작성한 내용을 문장으로 만들어서 3번 연습 바랍니다. 아래의 예시처럼 단답형이 아니라 3문장이 넘도록 만들어 주세요.

> **예** 2번. 하루에 3개의 약속이 있다면, 여유 있게 시간을 잡겠습니다. 가장 큰 이유는 상대방이 기다리는 일이 없도록 하고 싶기 때문입니다. 그리고 앞의 약속이 예상과 다르게 지연이 될 것도 고려해야 편안하게 이동할 수 있을 것 같습니다.

답변할 때마다 아래에 표시하세요.

1. ① ② ③　　2. ① ② ③　　3. ① ② ③

4. ① ② ③　　5. ① ② ③

1단계와 비교하면 큰 어려움 없이 답을 적을 수 있었지요?

아무래도 1단계에서 했던 주관식 질문보다는 어느 쪽인지 택하라는 선택형 질문이라서 부담이 적었을 겁니다.

이것을 면접 상황으로 바라봅시다.

의자에 앉아서 면접 질문을 기다리고 있습니다. 그런 나를 중심으로 360도 전체가 허허벌판인 느낌을 받겠지요. 아무도 도와주는 사람 없이 면접관의 질문에 대답을 해야 합니다. 내 심장 소리가 들린다는 이야기도 많이 합니다. 그 정도로 떨리는 면접에서 질문을 받았을 때 멍한 표정으로 대답을 못하는 것은 주관식을 주관식으로 그대로 받아들였기 때문입니다. 암기한 예상 질문이 나오지 않는 이상은 대책이 없어서 순간적으로 당황하게 됩니다. 정신을 차리고 대답을 하려고 하면 어디서부터 대답을 해야 할지 막막하게 느껴집니다.

그렇기 때문에 바로 대답을 할 수 있으려면 몇 개의 길을 미리 만들어 놓아야 합니다. 어딘가를 찾아갈 때 큰길을 중심으로 최대한 가까이 간 다음에 좁은 골목으로 들어갑니다. 인성 질문도 똑같습니다. 나에 대한 과거를 몇 개의 덩어리로 만듭니다. 그것이 바로 큰길이 됩니다. 그럼, 어떤 인성 질문을 받더라도 나에 대한 이야기이기 때문에 당황하지 않고 바로 대답을 시작할 수 있습니다. 시작한 답변을 잘 마무리하는 작업은 3단계에서 진행을 하게 됩니다. 이제부터 2단계에서 큰길을 만드는 작업을 하겠습니다.

우선, 나의 과거를 정리해서 몇 개의 길이 나올 수 있는지 확인한 후에 길을 만들도록 하겠습니다.

1. 일하고 싶은 직무와 전공이 연관 관계가 있습니까?

예 (2번 → 4번)

아니요 (2번 → 3번→ 4번)

2. 성적표를 꺼내서 전공, 교양 상관없이 아래 3가지에 해당되는 것 모두 학년에 맞추어 적어주세요.

① 직무와 관련 있는 과목

② 흥미가 있었던 과목

③ 사연이 있었던 과목(예 : 타 과목보다 2배 노력했는데 학점이 낮다, 팀 프로젝트 때 힘들었다)

	학년/학기	과목명
대학교	1	
	2	
	3	
	4	

메모

▷ 2년제 대학 졸업(예정)자는 학기별로 위에서부터 1-1, 1-2, 2-1, 2-2로 작성하시되 실습을 나갔던 학기는 회사에서 했던 업무를 모두 나열하세요.

▷ 4년제 대학교 졸업(예정)자는 학년별로 위에서부터 1, 2, 3, 4로 작성하시되 아르바이트, 인턴, 프로젝트 참여 부분도 모두 작성 바랍니다.

▷ 6년제 대학교 졸업(예정)자는 학년별로 위에서부터 1, 2/3, 4/ 5/ 6으로 작성하시고 부족한 부분은 메모 칸을 활용하여 6년 모두 작성 바랍니다.

3. 전공과 직무가 연관이 없다면,

① 학교 공부 외에 취업을 위해 노력했던 내용을 학년에 맞추어 적어주세요. (예: 어학 공부, 관련 도서 50권, 자격증 준비 등)

② ①에 작성할 것이 없고, 앞으로의 계획만 있다면 학년 부분을 무시하고, 3개월 단위로 4칸을 작성하세요. 그럼, 앞으로 1년의 세부 계획이 나오겠지요.

③ 전공과 다른 직무를 희망하게 된 계기를 메모 칸에 적으세요.

	학년/학기	준비사항
대학교	1, 2, 3학년	
	4학년 1학기	
	4학년 2학기	

대학교	방학	

메모

▷ 2년제 대학 졸업(예정)자는 학기별로 위에서부터 1, 방학, 2-1, 2-2로 작성하시되 실습을 나갔던 학기는 퇴근 후에 취업을 위해 노력한 부분을 적으세요.

▷ 4년제 대학교 졸업(예정)자는 학년별로 작성하고, '방학' 칸은 학년 무관하게 모든 방학 및 휴학까지 포함된 기간입니다.

▷ 6년제 대학교 졸업(예정)자는 학년별로 위에서부터 1, 2, 3/ 4, 5/ 6/ 방학으로 작성하시면 됩니다.

4. 이번에는 더 과거로 가 보겠습니다.

초등학교, 중학교, 고등학교 시절을 통틀어서 성적표나 상장, 사진 등의 과거를 회상할 수 있는 자료가 있으면 찾아주세요.

만약에 자취를 해서 자료가 없다면 우선은 기억력에 의지한 채 연습하도록 하겠습니다. 하지만, 추후에 꼭 메모 칸에 추가로 작성 바랍니다.

고등학교는 학교생활기록부에 너무나 자세하게 나와 있어서 작성하는데, 걱정하지 않으셔도 될 것 같습니다. 초등학교는 고등학교보다는 수영, 피아노, 태권도 등 다양한 학원을 다닐 기회가 많았지요? 그렇다면, 그때 그 학원들이 적성에 맞았는지, 만약 안 맞았다면 왜 그랬는지 메모 칸에 내용을 적어주세요.

ⅰ. 성적/과목/흥미 : 성적이 높은 과목/ 낮은 과목/ 흥미 있던 과목의 성적/직무와 연관 있는 과목의 성적(예: 회계-수학) 등

ⅱ. 상장 : 수상기록 모두 작성

ⅲ. 경험 : 봉사활동, 수학여행, 가족여행 등 개인적인 모든 경험 중 기억에 남는 것

ⅳ. 취미/추억/친구 : 취미를 실천했거나 포기했던 사연, 친구와의 기억 남는 추억 등

	성적/과목/흥미	상장	경험	취미/추억/친구
고등학교				
중학교				
초등학교				

메모 [추가 작성이 필요할 때 활용하세요.]

5. 위의 작성 내용을 문장으로 크게 말해주세요.(3번)

※ 전체를 말하지 않아도 됩니다. 일부라도 대화하듯이 문장으로 만들어주세요.

질문을 만들어서 대답해 보세요.

예) 고등학교 시절 자랑하고 싶은 경험이 있나요?

대학교 때 방학을 어떻게 활용하셨나요?

나의 장점을 부각시킬 수 있는 질문을 한다면, 자신 있게 답변할 수 있겠지요.

질문 1)

답변 1)

질문 2)

답변 2)

질문 3)

답변 3)

[2단계 – 5주 강의]

1. 전공과 직무

예상하고 있겠지만, '아니요'라고 대답하신 분들은 직무와 전공이 다르면 면접에 있어서 준비하셔야 할 내용이 '예'라고 대답하신 분보다 많습니다. "대학에서 어려운 공부를 하고 왜 전공과 다른 분야인 이쪽으로 취업하려고 합니까?"라는 질문의 답변만 준비한다고 해서 끝나는 문제는 아닙니다. 그렇다고 취업이 불가능한 것은 절대 아닙니다. 면접 전에 준비할 것이 더 많다는 것이지 면접장에서 경쟁력이 절대적으로 떨어진다는 것이 아닙니다.

'예', '아니요' 어느 쪽을 결정하셨든지 우리가 2단계 – 5주에서 할 일은 같습니다. 법원에서 무죄를 입증하려면 증거 자료가 반드시 있어야 하는 것과 같이 '어린 시절부터 나를 돌이켜봤을 때 혹은 성인이 되어 직장에 대해 고심을 했을 때 000이라는 일을 하고 싶다.'는 답변을 뒷받침할 수 있는 증거 자료를 2번, 3번, 4번에서 만들겠습니다.

2, 3. 머릿속 깊숙하게 있는 증거 자료 찾아내기

학교/학과에 따라 2년, 3년, 4년, 6년 등 공부하는 기간이 다양하게 있지요. 그중 가장 많은 2, 4, 6년에 대한 안내를 했는데요. 각자 공부한 기간에 맞추어 작성하시면 됩니다. 휴학이나 군대생활 중에 작성할 것이 필요하다면 칸이 없다고 해서 넘어가지 마시고, 메모 칸을 활용하여 빠짐없이 작성 바랍니다.

4. 어린 시절의 하루하루가 모여서 지금이 되었다

이제는 초등학교, 중학교, 고등학교 때로 왔습니다. 집에 상장이나 사진 등이 어디 있는지 모르겠다면 학교생활기록부를 발급받아 보십시오.

고등학교 학교생활기록부를 본 지 꽤 오래되었죠? 성적 외에도 '세부 능력 및 특기 사항', '행동 특성 및 종합 의견', '독서활동 상황' 등 나에 대해서 다시 생각해 볼 수 있는 정보들이 상당히 많습니다. 출신 학교에 가는 방법도 있지만, 인터넷 발급도 가능합니다.

정부에서 운영하는 홈페이지 [나이스]에 접속합니다. → [홈에듀 민원서비스]를 클릭합니다. → 시도교육청을 선택하는 창이 뜨는데, 본인이 졸업한 고등학교의 지역을 선택합니다.

중학교, 초등학교 부분도 작성하여 현재 준비하는 직무에 대한 관심이 언제부터였는지 확인하세요. 면접코칭을 하다 보면, 대학교에 와서 00직무에 관심을 가지게 되었다고 답변을 했던 분이 초등학교 성적표와 상장 부분을 작성하면서 초등학교 때 꿈이 현재의 목표와 동일하다는 것을 찾아내는 일은 자주 있습니다. 잊고 있었던 과거 자료들을 보면서 기억을 떠올려 보세요.

어릴 때와 완전히 다른 꿈을 꾸는 거라면 그 계기는 언제쯤인지 나에 대해서 정확하게 알아야 합니다. 나도 나를 모르면서 '저를 믿고 뽑아 주십시오.'라고 면접장에서 말할 수는 없겠지요.

4번은 면접에서 직접적으로 언급하기보다는 현재의 생각을 가지게 된 배경을 스스로가 이해하는 데 요긴합니다. 그래서 소소한 것도 생각날 때마다 적어주세요.

2단계 – 6주

2단계 – 6주에서 우리가 할 것은 '직무와 나를 연결시키는 일'입니다. 오늘 과정을 완료하면 드디어 예상 질문을 연습할 수 있습니다. 오늘부터는 나다운 답변이 조금씩 나오기를 기대합니다. 본격적인 연습에 앞서서 주의사항 2가지가 있습니다.

첫째,

실전에서 바로 답이 나올 수 있도록 하는 연습 과정입니다.

연습을 할 때는 질문에 얽매이지 말고, [회사/직무/나]라는 3개의 큰 나무를 먼저 보십시오.

면접 준비를 하다가 어려움에 봉착한 취업 준비생이 저를 찾아왔을 때 어떤 점이 힘들었는지 물어보면, A4 용지 묶음을 주면서 "5번 질문이 어려워요.", "7번을 모르겠어요."라고 예상 문제를 질문하는 분들이 많습니다. A4 용지 묶음은 기출 문제에 답변을 작성한 20장 내외의 종이를 집게로 집은 것입니다. 한 장씩 넘기다 보면 답을 모르겠는 것과 아직 외우지 못한 것 등이 구분이 되도록 별이나 세모 같은 표시가 되어있지요.

그럼 제가 질문합니다.

"5번이 힘들었어요? 그런데, 1번 자기소개랑 2번 장점 질문도 어려웠을 것 같은데, 어땠어요?"라고 물어보면, 취업 준비생은 5번이 아니라 다른 번호를 물어보는 저를 보면서,

"1번 자기소개요? 안녕하십니까? 추진력을 가지고 있는 지원자 000입니다. …(중간 생략)… 감사합니다."라고 A4 용지에 적혀있는 것을

완벽하게 암기해서 말합니다. 아주 간혹 A4 용지 20장 내외를 전부 암기해서 오는 분도 만날 수 있는데요. 그럴 때마다 만감이 교차합니다. 암기를 해서 오는 분들은 면접 직전에 최종 점검을 받기 위해서 오는 경우가 많기 때문에 시간이 촉박하다 보니 코칭은 암기한 답변을 보완하는 방식으로 진행합니다.

예상문제를 암기하는 방법이 틀렸다고 말씀드리는 것이 아닙니다. 그 작업 전에 1단계, 2단계, 3단계를 진행했다면 좀 더 '나만의 답변', '자연스러운 답변'에 가깝지 않았을까 하는 아쉬움이 있습니다.

그 내용을 암기하는데 얼마나 많은 시간을 반복해서 연습했는지 잘 알고 있기 때문에 그 정도의 열정과 노력을 하는 취업 준비생이라면 숲을 먼저 보는 작업만 추가해서 꼭 합격했으면 하는 바람입니다.

우리가 지난 5주를 보면, 회사, 직무, 나 각각을 분석했고, 오늘은 그것을 합쳐보는 작업 순서인데요.

이렇게 전체 숲을 그리는 작업 없이 건별로 암기를 했을 때는 그 외의 질문에 당황할 수 있겠지요.

회사 직무 나

↓

회사와 직무 + 나의 과거

↓

회사가 원하는 인재 = 나

둘째,

'직무'와 '나'는 서먹서먹한 친구사이입니다.
가까워지려면 자주 만나야 합니다.

조금만 방심해도 둘이 떨어져 있는 것을 볼 수 있습니다.

면접이라는 것이 간단하게 말하면 면접관이 질문하고 내가 대답하는 방식이라고 볼 수 있죠. 그래서 언뜻 보면 질문의 답을 적고 암기하는 위의 방법이 맞을지도 모릅니다. 그런데 예상질문을 맞출 확률이 높은 것은 지식을 묻는 질문 정도입니다. 그 외에 인성, 딜레마, 롤플레이, 최근 이슈 등 다른 질문 유형에서는 예상 질문을 정확하게 맞추는 것이 쉽지 않습니다.

예 기출 문제 : "취미가 무엇입니까?"
내가 작성한 답안 : "저의 취미는 등산입니다. …(중간 생략)… 힘은 들지만 정상에 오르면 뿌듯합니다."

우리도 같은 질문에 자유롭게 적어보겠습니다. 문장으로 적으셔도 되고, 그림을 그리셔도 됩니다. 단어만 나열해서 적으셔도 됩니다. 나중에 내가 다시 봤을 때 알아볼 수 있으면 됩니다.

"취미가 무엇입니까?"

여가 시간 관련 질문으로 취미 외에 아래와 같이 질문을 추가로 받았다고 생각하고, 실제 면접처럼 적지 않고 바로 답변하세요. 질문은 3개입니다.

녹음하면서 3개의 질문을 연속해서 답변하세요. → 녹음 후에 소요시간을 기록하세요. → 녹음을 들으면서 질문 밑에 있는 4개의 추가 질문에 답하세요.

1) 최근에 읽은 책이 무엇입니까? 소요시간 : ___분 ___초

만족스러운 답변을 하셨습니까? 네 / 아니오

첫 문장은 바로 하셨나요? 네 / 아니오

대답하는데 몇 초까지 막힘없이 답이 나오셨나요? ___초

대답이 동문서답은 아니었는지요? 네 / 아니오

2) 휴일에는 무엇을 하면서 지내시나요? 소요시간 : ___분 ___초

만족스러운 답변을 하셨습니까? 네 / 아니오

첫 문장은 바로 하셨나요? 네 / 아니오

대답하는데 몇 초까지 막힘없이 답이 나오셨나요? ___초

대답이 동문서답은 아니었는지요? 네 / 아니오

3) 좋아하는 일을 집중해서 해 본 경험이 있습니까? 소요시간 : ___분 ___초

만족스러운 답변을 하셨습니까? 네 / 아니오

첫 문장은 바로 하셨나요? 네 / 아니오

대답하는데 몇 초까지 막힘없이 답이 나오셨나요? ___초

대답이 동문서답은 아니었는지요? 네 / 아니오

질문에 대한 평가나 시간이 비슷한가요?

모두 '네'라고 대답하고, 질문 1개 소요시간은 50초~120초 걸렸다면, 상위 5% 안에 들어오신 겁니다.

첫 문장은 바로 했지만, 답변 시간은 30초 이내인 분들이 가장 많습니다. 2단계 – 5주 에서 나에 대해 기록한 것이 생각났다면, 최근의 책이 아니라 고등학교 때 읽은 책을 1번에 대답하신 분도 있으실 겁니다. 휴일에는 무엇을 하는지 물어보는 질문에, 취미를 물어보는 질문과 똑같이 답변하신 분도 많으실 겁니다. 이렇게 안정적이지 못하게 답변하신 분들은 이유가 무엇일까요? 2단계 – 5주 에서 작성한 내용 중에 직무에 필요한 요소만 선별하는 작업이 부족하기 때문입니다.

휴일에 무엇을 하는지 질문을 받게 되면, 우리는 실제로 휴일에 하는 일들을 떠올립니다.

낮잠, TV 시청, 게임, 쇼핑, 외식, 영화관람, 등산 중에서 빠르게 고르고 대답을 합니다. 문제는 그 다음입니다. 그 선택한 것에 대해서 이야기를 해야 하는데, 무슨 말을 해야 할지 빠른 정리가 어렵습니다. 이 부분이 직무와 연결시켜서 말을 해야 하는 부분인데요.

예를 들어, 위의 2번 질문에서 취미와 똑같이 답변을 했을 때, 내가 작성한 취미가 무엇인지에 따라서 100점이 될 수도 있고 20점을 받을 수도 있습니다. 심하면 동문서답이 되기도 합니다. 위의 예시로 말했던 등산의 경우로 설명하자면, 첫 문장에서 취미랑 휴일이라는 단어만 바꾸면 답변이 완성되겠지요.

"취미는 등산입니다. …(중간 생략)… 힘은 들지만 정상에 오르면 뿌듯합니다."

⬇

"휴일에는 등산을 합니다. …(중간 생략)… 힘은 들지만 정상에 오르면 뿌듯합니다."

1개의 답안을 외우고, 비슷한 질문을 받았을 때 면접에서는 최대한 암기한 것 중에서 활용을 하려고 합니다. 반복해서 외웠기 때문에 자신 있게 답할 수 있고, 내용을 바꾸려고 해도 생각할 시간이 없다고 느끼는 것이지요.

질문의 의도는 직전에 받은 질문, 회사의 특성 등에 따라서 다릅니다. 취미와 휴일 활용에 대한 질문은 비슷한 의도로 질문할 수도 있고, 의도가 다를 수도 있습니다.

ⅰ. 큰 의미 없음 : 응시생이 편하게 대답할 수 있는 질문이라고 면접관이 생각함.

ⅱ. 취미 : 좋아하는 것을 보고 성격, 성향 등을 파악

ⅲ. 휴일 : 시간 활용 능력, 삶의 가치관 등을 파악

ⅳ. 적합성 : 회사, 직무와 맞는 사람인지 파악

취미와 휴일이라는 단어만 바꾼 위의 답변에서 'ⅰ'의도라면 100점이 될 수 있겠지만, 그 외의 'ⅱ, ⅲ, ⅳ'는 20점이 될 수도 있습니다. 면접관이 응시생의 긴장을 풀어주기 위해 큰 의미 없이 질문한 'ⅰ'라도 회사의 특성과 더 어울리는 답변이었다면 좋겠지요. 취미를 묻는 것이 쉬운 질문이라고 생각하는 분이 많은데요. 그 앞에 받은 질문과 연결시켜서 'ⅳ 적합성'을 판단하기도 합니다. 그렇게 되면 신중하게 대답해야

합니다. 운동 종목이 중요한 것이 아니라 뒤에 이어지는 내용에서 그 사람을 파악하게 됩니다. 즉, 나와 직무를 연결시킬 수 있어야 하는 것입니다.

'아' 다르고 '어' 다르다는 말 들어보셨죠? 같은 말도 표현방법에 따라서 전달되는 의미가 달라진다는 뜻으로 사용되는데요. 그런데, 면접에서는 '아' vs '어' 차이 정도가 아니라 '취미' vs '휴일'처럼 바뀐 단어로 질문을 받았을 때 똑같은 답변을 한다면 직무는 직무대로, 나는 나대로 구분될 확률이 높습니다.

직무와 나를 연결시키는 연습을 하겠습니다.

〈입사를 희망하는 회사 : ______________, 부서 : ______________〉

* 1단계에서 연습했던 회사로 하면, 자료가 1단계에 모두 적혀있기 때문에 편합니다.
  그 자료를 세 번째 보는 것이기 때문에 완벽한 숙지가 가능합니다.
* 1단계에서 연습했던 회사가 아닌 곳으로 하면, 그때처럼 시간이 더 소요됩니다.
  회사 2곳의 정보를 갖게 되어 비교, 분석하는 눈을 키울 수 있습니다.
* 부서는 동일하게 하는 것이 좋습니다. 아직 부서가 미정이라면 1단계에서 연습했던 부서로 동일하게 해서 학습법을 확실하게 습득하십시오.

1. 아래 동그라미 안에 부서가 원하는 인재를 5개 이상 적어보세요.

[1단계- 2주, 3주 참조]

동그라미 오른쪽 빈 공간으로 1개씩 화살표를 하고, 그렇게 생각한 이유를 간단하게 기록합니다.

예

영업관리부서 – 리더십 → 영업사원을 관리할 수 있는 능력

→

→

→

[부서명:　　　　　]

2. 아래 동그라미 안에 회사가 원하는 인재를 5개 이상 적어보세요.

[1단계 – 2주, 3주 참조]

동그라미 오른쪽 빈 공간으로 1개씩 화살표를 하고, 그렇게 생각한 이유를 간단하게 기록합니다.

회사명 및 간략한 회사 소개 :

3. **아래 동그라미 안에 나를 나타낼 수 있는 표현 5개를 적어보세요.**

나의 성격, 습관, 장점, 가치관, 단점 등 어떤 것이든 좋습니다.

[2단계 – 5주 참조]

동그라미 오른쪽 빈 공간으로 1개씩 화살표를 하고, 그렇게 생각한 나의 경험을 적어보세요.

계획적이다 → 여행을 가거나 약속이 있을 때 이동시간, 교통체증 등을 모두 고려하고 출발 한다.

4. **왼쪽 동그라미는 1+2번 작성한 것을 모두 적습니다.**

오른쪽 동그라미는 3번 작성한 것을 모두 적습니다.

1개씩 일렬로 작성하시기 바랍니다.

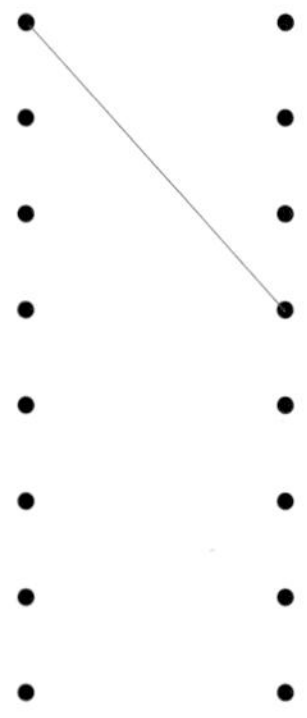

5. 4번 왼쪽의 가장 위에서부터 오른쪽에 해당되는 것과 선을 연결하세요.

1) 왼쪽이 기준이 되어 1개씩 한다.

2) 왼쪽 인재상을 위해서 필요한 역량을 오른쪽 동그라미에서 찾는다.

3) 해당된다고 생각한 것 모두 왼쪽 1번으로 선을 연결한다.

4) 왼쪽 위에서 두 번째 것을 한다.

5) 같은 방법으로 하되, 오른쪽 것은 중복이 가능하다.

6) 왼쪽 마지막 것까지 선을 연결한다.

7) 왼쪽 항목에 필요한 역량이 오른쪽에 없다면 그냥 둔다.

6. 아래의 질문을 받았다고 생각하고 왼쪽의 가장 위부터 말로 연습하겠습니다.

이번은 같은 답변을 3번 했던 기존 연습과는 다르게 오른쪽에 동그라미 된 것 중에서 3개를 골라서 답변하시면 됩니다.

질문: 우리가 당신을 왜 뽑아야 하나요?

예 : 000 능력이 있기 때문입니다. (오른쪽 동그라미 중 1개 선택)

**회사에서는 최근 기사 중에 ~내용을 보았습니다. (1단계 학습내용 활용)

그 기사를 보면서 ~생각과 앞으로는 ~해보는 것은 어떨까 생각하게 되었습니다.

그러기 위해서는 특히 제가 지원한 **부서의 역할이 크다고 생각합니다. 그리고

저는 그 부서에서 000 능력을 활용하여 지치지 않는 열정으로 노력할 준비가 되어

있습니다. (000 능력과 선으로 연결된 왼쪽 동그라미 항목들 말하기)

(3번 오른쪽 작성한 경험 중 활용 가능한 것 있다면 말하기)

①

②

③

메모 [추가 작성이 필요할 때 활용하세요.]

[2단계 – 6주 강의]

질문 : "본인이 생각하는 자신의 단점 3가지가 뭔가요?"

여러분은 뭐라고 대답하시겠습니까?

뭐라고 적으셨나요? 아직 못 찾은 분도 많으실 겁니다. 아무리 겸손함으로 무장한 사람이라도 막상 나의 단점을 말하라고 하면 어렵게 느껴질 수 있습니다. 단점을 묻는 것은 자기소개서 대표 질문 중에 하나이기도 합니다. 그 덕분에 인터넷을 활용하면 다른 사람들의 단점 예시를 쉽게 찾아 볼 수 있는데요. 도무지 생각이 안 나는 분들께 '아, 이런 것들을 적는구나. 그렇다면 나는 **를 적어볼까?'라고 힌트를 얻을 수 있습니다.

단점 1 __________ 단점 2 __________ 단점 3 __________

단점 3개 중에서 1번과 2번 동그라미(내가 갖추어야 하는 역량)에 악영향을 초래하는 단점이 없는지 찾아봐 주세요. 예를 들어, '단점 : 게으르다.'라고 적었다면 회사와 직무를 따질 필요도 없이 악영향을 미치는 단점이 되겠지요. '단점 : 리더십이 부족하다.'라고 적었다면 무역이나 서비스 직군에서는 영향을 미치겠지만, R&D, 제조, 생산에서는 상대적으로 영향을 적게 받겠지요. 이렇게 단점을 하나 고르더라도 오늘 작업한 동그라미에 영향을 주는지 확인하셔야 합니다.

중학교 때, 교집합을 배웠는데요. 기억 나시나요?

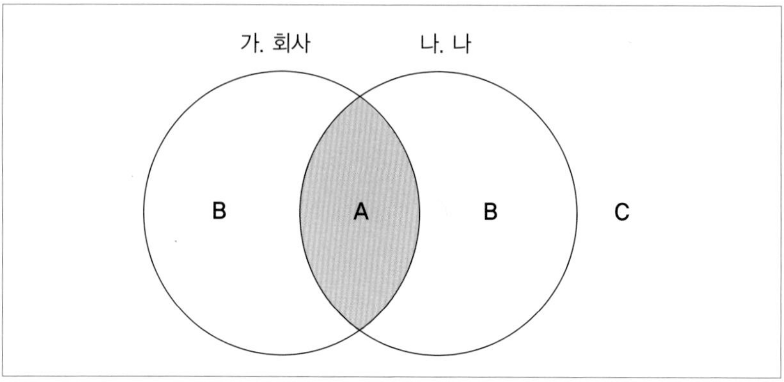

(가)는 회사(직무)가 원하는 모습 – 4번 왼쪽 원,

(나)는 나를 나타낼 수 있는 표현 – 4번 오른쪽 원이 되겠군요.

A와 B의 차이는 무엇일까요?

A는 5번에서 선이 연결된 것이고, B는 그 나머지가 되겠습니다.

우리는 면접에서 설득을 하는데 있어서 A, B, C 중에서 어느 부분을 말해야 할까요? 네, 맞습니다. A입니다.

나. B 부분도 나의 모습이 맞습니다. 하지만, 짧은 면접 시간에 회사가 필요로 하는 역량과 상관없는 부분을 말하느라 시간을 허비하지 마십시오. 오늘의 시간을 통해서 앞으로는 모든 질문에 전략적으로 접근할 수 있는 기반을 다지기 바랍니다.

질문 : 전략적 접근이란 (   )이다.

정답은 무엇일까요? 세 글자입니다.

교. 집. 합.

전략적 접근은 교집합입니다. 나의 여러 모습(A, B, C)중에서도 교집합(A)에 속한 내 얘기를 하십시오. 취업을 위해 노력하는 많은 것들 중에 B부분은 없는지 냉철하게 판단해 보는 시간이 되셨으면 합니다.

2단계 - 7주

1단계 - 회사와 직무에 대해서 조사하고, 정리하고, 발표했습니다.

2단계 - 5주 : 내가 잊고 있었던 과거를 표로 정리했습니다.

2단계 - 6주 : 1주 ~ 6주를 접목시켰습니다.

오늘은 나의 과거와 목표를 연결시켜서 롤모델을 만들어 보겠습니다. 2단계만 떼어 놓고 보면, 과거-현재-미래 순서로 진행을 하고 있습니다.

2단계 - 5주 나의 과거

2단계 - 6주 나의 현재

2단계 - 7주 나의 미래

항상 염두에 두어야 할 것은 1장부터 지난주까지 학습 내용입니다. 회사, 직무, 나의 과거, 나의 현재를 기반으로 미래를 계획하셔야 합니다.

고등학교 2학년 때까지 바이올린을 배웠던 학생이 3학년이 되어 급하게 첼로로 바꾸겠다고 한다면 그 학생에게 뭐라고 하시겠습니까? "첼로가 경쟁률이 낮고, 음대인 것은 똑같잖아."라고 말하는 학생에게 "첼로도 1년 열심히 하면 합격할 수도 있어."라고 응원하시겠습니까? 바이올린과 첼로는 켜는 자세부터 다르지만, 나름대로 연습해서 면접을 본다고 합시다. 실력도 문제겠지만 인성과 성장 가능성에서는 높은 점수를 받을 수 있을까요? 이 학생은 바이올린을 깊이 있게 공부하고 싶다는 생각보다는 음악대학에 입학하는 것이 목표인 것 같습니다. 교수님의 눈에도 그 점이 좋게 보이지 않을 겁니다. 여러분이 보기에도 철없는 고등학생처럼 보이시죠? 그런데 놀랍게도 이런 학생은 기업 면접에서도 볼 수 있습니다. 기업 면접으로 보면, 첼로=직무, 음대=취업으로 볼 수 있는데요. 자기소개서는 바이올린처럼 작성하고, 면접 답변은 첼로처럼 합니다. 심하면 면접 중에 양쪽의 모습을 다 보이는 답변을 하는 분들도 많죠. 아래의 대화로 예를 들겠습니다.

질문 1) 왜 뽑아야 하나요?

답변 1) 사람들과 잘 어울리고, 적극적이라서 해외영업에 자신 있습니다.

질문 2) 아르바이트 해보셨나요?

답변 2) 네. PC방과 편의점에서 했습니다.

질문 3) 아르바이트를 하면서 느낀 점이나 기억에 남는 경험이 있나요?

답변 3) 네. PC방 사장님과 편의점 사장님 두 분 모두 일을 잘한다고 칭찬하셨습니다.

저는 아르바이트가 아니라 주인이라는 마음가짐으로 성실하게 일을 하려고 노력했습니다.

어떻습니까? 괜찮은 답변으로 보이나요? 저는 100점을 주기에는 부족함이 있어 보입니다. 답변 1)부터 보겠습니다. 지원자 스스로 '나는 사람들과 잘 어울리고, 적극적이다.'라고 본인의 강점을 말했습니다. 그렇다면, 그 말을 들은 면접관은 '커뮤니케이션 능력이 있겠구나.' 혹은 '어울리기만 하는 것인지 리더십도 있다는 말인지 궁금한데.' 등과 같은 생각을 하면서 추가 질문을 하겠지요. 그것이 질문 3)입니다. 질문 3)만 별도로 보면 성실함을 강조하는 답변으로 잘 대답했습니다. 하지만, 질문 1)부터 흐름을 보면 면접관의 기대와는 다소 다른 방향이 되어버린 것을 볼 수 있습니다. 답변 1)에 대한 증거를 답변 3)에서 경험으로 풀어줬다면 어땠을까 하는 아쉬움이 남습니다.

어떤가요? 바이올린 이야기의 주인공 같은 학생은 없을 것 같았지만, 해외영업 이야기의 지원자 같은 답변은 나도 할 수 있을 것 같지 않습니까? 여기까지 설명을 드리면, 추가로 자주 받는 질문이 있습니다. "면접관이 듣고 싶은 말을 언제 골라서 대답합니까?", " '적극적인 것과 성실한 것 2가지가 모두 있구나.'라고 좋게 생각할 수도 있지 않나요?"라는 질문입니다. 충분히 궁금할 수 있는 질문입니다. 질문을 받을 때마다 의도를 파악할 시간이 없고, 장점은 많이 보여 줄수록 좋게 생각될 수 있습니다. 이와 같은 궁금증 해결과 개선을 위해서 2단계 – **7주** 과정이 필요합니다. 지난 주까지 학습할 때는 자료를 찾고, 정리하는 쪽이 많았다면, 오늘은 상상하며 계획해 보는 시간입니다. 아마도 짜증을 내는 분도 있지 않을까 싶습니다.

면접코칭을 할 때 취업 준비생분들이 힘들어하는 곳이 몇 군데 있는데요. 여기가 바로 그곳입니다. 이제 면접에 대해서 감이 잡혀가는데, 갑자기 가슴이 답답해 온다는 말을 한숨과 함께 합니다. 많은 분들이 힘들다고 토로하는 시기입니다. 예전에 영어 선생님께 영어 실력은 일직선으로 향상되지 않고, 계단식으로 된다는 말을 들었던 기억이 납니다. 한동안 꾸준하게 한 것 같은데 실력은 그 자리인 것 같은 때가 자주 있었습니다.

그렇게 보면, 면접과 영어가 비슷한 것 같습니다. 2단계 – 7주는 한 계단 더 오르기 직전이라고 보시면 됩니다. 최대한 편안하게 학습할 수 있도록 설명하겠습니다. 포기하지 마시고, 아무쪼록 이번 계단을 잘 넘겨서 한 단계 위로 올라가시기를 응원합니다.

1. **사극 좋아하시나요? 개인적으로는 정통 사극을 좋아하는데요. 배우들의 힘 있는 목소리와 일품 연기는 드라마의 몰입도를 높여줍니다. 시청했던 사극 중에서 생각나는 작품이 있으신가요? 작품 이름과 함께 남자 배우 1명의 이름도 적어주세요.**

____

뜬금없는 소리 같지만, 잠시 배우가 되어 보겠습니다.

내가 잠을 자고 일어났는데, 위에 적은 남자 배우가 되어 있습니다.

그런데, 사극을 촬영하기 한 달 전으로 시간 이동이 되어 있습니다.

겉모습만 바뀌었으니, 작품에 대한 지식이나 강한 체력, 대본 암기 등 모든 것을 준비해야 하는 상황입니다.

그럼 여기서 질문 드립니다. 밑줄 되어 있는 '모든 것'을 적어보세요.

제한 시간 : 3분

예시 : 무술 연기, 승마, 연기를 위한 복식 호흡 및 발음, 작품 시대의 역사, 대본 암기

1번에 해당되는 설명을 읽고, 2번으로 넘어가세요.

2. **입사 후 1, 3, 5, 7, 10년이 되었을 때, 어떤 모습일까요?**

목표가 무엇일까요? 행복할까요? 가족 구성원은 어떻게 될까요?

1(　세)　　5(　세)

입사 ―――――――――――――――― 10년(　세)

3(　세)　　7(　세)

1, 3, 5, 7, 10 숫자 옆에 나이를 적어주세요.

미래 일기를 쓴다고 생각하고, 그 나이에 내 모습을 상상하면서 작성하세요.

1번에서 그 배역을 소화하는 배우를 상상하면서 적으셨던 것처럼 나의 모습을 다각도로 접근하십시오. 직급만 적는 것이 아니라, 업무 역량, 회사 사람들의 나에 대한 평가, 내 삶의 만족도 등 떠오르는 모든 것을 적어보세요.

(예시 : 1년 차– 3개월 내 업무 파악 완료해서 1년 차는 신제품 개발에 일조

3년 차 – 독일어를 배워서 독일 지사 발령, 가족들과 외국 생활을 하게 되어 기쁠 것 같다)

	업무 능력적인 면	사내 이미지 (직장 동료들에게 듣고 싶은 평가)	회사에 대한 각오나 그 밖의 생각
1			
3			
5			
7			
10			

[2단계 – 7주 강의]

1. 롤모델 감 잡기

예능 프로그램을 보면 5명 이상의 방송인이 진행을 하는 것도 있고, 메인 MC와 게스트가 있고, 게스트는 수시로 바뀌는 방송도 있습니다. 이처럼 다양한 예능 프로그램이 있지만, 높은 시청률과 재미를 위해서 공통적으로 지키는 것이 몇 가지 있습니다. 그중 하나가 캐릭터가 겹치지 않도록 하는 것입니다. 출연자 숫자만큼 캐릭터를 다양하게 했을 때, 지루하지 않은 방송이 나옵니다. 각자의 개성을 통해서 다른 재미를 주기 때문인데요.

평소 예능 프로그램에 나오지 않았던 배우가 영화 홍보를 위해 게스트로 출연하는 모습을 자주 볼 수 있는데요. 방송 작가들은 배우와 사전 인터뷰를 통해서 최대한 출연자가 돋보이면서도 예능 방송답게 재미를 주려고 고심합니다. 대본은 단순하게 재미있는 내용만으로 짜깁기하는 것이 아니라, 게스트의 특성에 맞는 이야기만 추려서 넣게 됩니다. 1회 나오는 방송이라도 캐릭터를 잡는 것입니다. 그렇게 했을 때 시청자의 기억에 남습니다. 그런데 배우가 '모처럼 온 기회니까 내가 완벽한 배우인 것을 보여주겠어.'라고 생각하고 대본과는 다르게 녹화 내내 열성적이고, 착하고, 대인관계 좋고, 가정적이고, 낭비하지 않는다는 많은 장점을 말했다면 시청률이 높게 나올까요? 다큐멘터리가 아닌 예능 특성상 시청자가 '훌륭한 사람이구나.'라며 시청하기보다는, 중간에 채널이 돌아가거나 안 좋은 댓글이 올라오기도 할 겁니다.

면접에서도 마찬가지입니다. 만능으로 보이려고 하면 할수록 면접관 눈에 들어오지 않습니다. 면접장은 장점만 나열해서 말하는 곳이 아닙니다. 그 회사의 특성을 알고, 원하는 인재가 누구인지 알아서 그러한 사람이 나라는 것을 보여주셔야 합니다. 그러기 위해서 필요한 것이 롤모델입니다. 보통 롤모델은 본보기가 되는 사람으로 하는데요. 우리의 롤모델은 다른 사람 중에서 찾지 않습니다. 롤모델은 '미래의 나'로 잡아주세요.

롤모델 작업이 2번입니다. 2번을 하는 데 있어서 가장 중요한 요소가 시각적인 상상입니다. 사극 작품을 적을 때 실제로 시청했던 것을 적은 것도 시각적인 요소 때문입니다. 실제 배우가 연기하는 모습을 봤기 때문에 '모든 것'을 적는 과정에서 상상하는데 편하셨을 겁니다.

조립이나 퍼즐을 할 때 중간에 막히면, 제품 상자에 있는 완성된 그림을 보고 도움이 됐던 경험 있으십니까? 이렇게 완성품을 한번 보고 조립하는 것처럼 사극을 한 번 보고 그 사람이 되기 위해 준비할 것을 적었습니다.

사극보다 현대극으로 했다면, 훨씬 많은 것을 적을 수 있었을 겁니다. 사극은 우리가 경험하지 않은 세상이기 때문인데요. 롤모델 역시 경험하지 않은 미래의 자신입니다. 그래서 더욱 시간을 세분화해서 계획하셔야 합니다.

- 1번의 요점은 [시각적인 상상]이 필요하다는 것입니다.
- 2번을 복습할 때 롤모델을 시각적으로 각인시켜 주십시오.

2. 회사에서 나의 모습

면접관은 서류와 면접에서 지원자의 과거와 현재를 보게 됩니다. 과거와 현재를 보면서 미래를 유추하게 되고, '일을 잘할 것 같다.', '우리 회사를 오래 다닐 것 같다.' 등과 같은 결론이 나면 합격이겠지요. 결론에 도달할 때까지 면접관은 나를 보면서 '이 친구가 합격하면 내년에는 어느 정도 일을 소화할 수 있을까?', '출장이 많은데, 힘들다고 금방 퇴사하는 건 아닐까?' 등의 평가를 끊임없이 합니다. 기업 강의를 다니다 보면 인사팀과 대화할 일도 많은데요. 들었던 이야기 중에 기억에 남는 것이 있습니다.

인사팀 대리와 회사 복도를 지나고 있는데, 맞은편에서 사원이 걸어왔습니다. 나중에 알고 보니 신입사원이었는데요.

신입사원 : (밝게 웃으며) "안녕하십니까? ○○팀 ○○○입니다."

대리: 네, 식사하셨어요?

신입사원: 네, 수고하십시오.(신입사원은 가던 길을 갔습니다)

나 : 대리님, 신입사원이 많아서 누군지 잘 모르시겠죠?

대리 : 그렇죠. 그런데 보이는 사람이 있어요.

나 : 네? 보인다는 말씀이 무슨 뜻이에요?

대리 : 이름은 기억이 안 나는데, 좀 전에 인사한 직원은 스키를 너무 좋아해서 겨울방학에는 스키장에 살다시피 하는데, 입사 후 2년 동안은 겨울이 가장 정신적으로 힘들 것 같다고 말했던 친구에요. 3형제 중에 막내라서 그런지 서글서글한 면도 많아요.

나 : 아! 무슨 말씀인지 알겠어요! 저랑 같은 직업병인 것 같은데요. 저도 얼마 전에 식당에서 2년 전에 면접코칭 받았다고 인사하신 분이 계셨는데, 전혀 기억이 안 나다가 대화를 몇 분 하다 보니까 그때 나눈 대화랑 특징이 떠올랐어요. 그래서 "그때 여자 친구랑 헤어졌다고 면접 보기 싫다고 했었죠? 맞나? 지금은 애인 있어요?"라고 물어봤더니 엄청 놀래셨어요.

대리 : 맞아요! 이제 4년 차지만 '저 사람을 뽑으면 일을 어떻게 하겠다.'는 것이 조금씩 보이는 거 같아요.

나 : 맞아요. 맞아요.

사람을 뽑는 입장에서는 "왜 이렇게 괜찮은 애가 없지?"라는 말을 많이 합니다. 해가 거듭될수록 소위 '스펙'은 향상이 되고 있는데도 이와 같은 말이 계속 나오는 이유는 면접관의 눈에 보이지 않기 때문입니다.

그렇다면, 우리가 할 일은 확실해졌습니다.

⇒ 면접관에게 어떻게 보일지 정해야 합니다.

입사를 했을 때 회사 상사, 동료, 후배들이 나를 어떻게 봐 주기를 원하는지 작성한 것을 토대로 그림을 그려보면서 나만의 롤모델을 잡아 주세요.

연예인들 중에 걸그룹이나 아이돌을 보면 귀여움, 춤, 인터뷰 등 멤버들 각자가 맡은 역할이 있습니다. 그룹 자체의 이미지도 있습니다. 귀여움을 강조하는 걸그룹이 있는데, 술을 매일 마시는 멤버가 있다면 소속사에서 해결 방안을 강구할 겁니다. 숙소에서만 마시는 것으로 한다든가, 매니저가 항상 함께 이동해서 사진 촬영이 안 되도록 한다는 등의 방법들로 이미지가 손상되지 않도록 할 수도 있겠지요. 롤모델은 그런 역할을 해 줄 것입니다. 1번의 만능 배우처럼 보이는 것이 아니라, 교집합(2단계 – 6주)에 들어가는 롤모델을 잡았을 때 면접관의 눈에 보이게 될 것입니다.

2단계 – 8주

※ 4주, 8주, 12주 : 오늘은 ☆ 7장도 함께 공부하는 날입니다.

2단계 – 8주 는 7주 동안의 학습이 답변으로 나와야 하는 모의 면접입니다.

우선 지난 시간의 복습을 하겠습니다.

예상 소요시간은 1시간으로 정하고,

1단계 – 30분

2단계 – 30분 동안 작성한 내용 중심으로 보되, 교집합의 연장선에 롤모델이 있는지 확인하면서 복습하시면 됩니다.

전체 흐름을 잡기 위해서 가능하면 1시간 동안은 쉬지 않는 것이 좋습니다.

10분 휴식 후에 모의 면접을 시작하시면 됩니다.

이제 녹음은 말씀드리지 않아도 활용하고 있으시죠? 내용과 면접 목소리 개선을 위해서는 녹음이 필수입니다.

□ 녹음 활용 방법

→ 3번 연습 중에서 마지막 것으로 녹음을 한다

→ 시간을 기록한다

→ 녹음한 것을 3번 이상 듣는다 : 내용 흐름, 언어 습관, 틀린 표현, 시간 등 확인

→ 개선된 내용으로 다시 한 번 녹음하면서 답변한다

→ 녹음 한 것을 1번 듣는다 : 개선된 내용과 아직 미흡한 내용을 기록한다.

여기는 면접장입니다.

질문을 듣고 실제 면접을 본다고 생각하고 답변을 하시기 바랍니다.

(희망하는 회사를 정하고, 면접 당일 나를 상상하여 적어봅시다.)

회사명 :

지원부서 :

회사위치 :

면접날짜 :

면접의상 :

1. 주변 친구들에게 본인은 어떤 평가를 받고 있나요?

2. 입사 후 걱정되거나 어려움이 예상되는 것이 있습니까?

3. 가장 도전적인 목표를 세우고 성취해낸 경험은 무엇인가요?

4. 존경하는 인물이 있습니까?

5. 직장 상사와 갈등이 생겼을 때 어떻게 해결하겠습니까?

[2단계 – 8주 강의]

1. 주변 친구들에게 본인은 어떤 평가를 받고 있나요?

2단계 – 7주에서 나왔던 만능 배우처럼 좋은 평가를 나열하지는 않았는지 확인하면서 녹음을 들어주세요. 2가지 이내로 사례를 들면서 답변하시면 됩니다.

전체 내용 중에서 부정적인 단어가 있는지 찾아보세요. 일상생활에서 겸손의 표현이 면접에서 부정적인 단어가 되기도 합니다. 면접에서는 겸손한 것과 부정적인 것은 분명하게 구분하셔야 합니다.

> **예** "영어 회화를 잘 한다는 말을 듣습니다. 아직 부족하지만, 꾸준히 노력해서 원어민처럼 하는 것이 목표입니다." (×)

평소 대화였다면, 잘난 척하지 않고 겸손하다고 평가를 받을 수 있는 표현입니다. 그런데, 부족(기준에 미치지 못한다는 의미로 사용)이라는 단어가 가진 이미지가 있기 때문에 굳이 나를 평가받는 자리에서 사용할 필요는 없습니다.

> **예** "지금은 잘하지 못하지만, 앞으로 1년 이내에 보여드릴 자신 있습니다." (×)

위의 예시는 입사 후의 당찬 포부를 나타낼 때 많이 하는 답변인데요. 면접관의 귀에 '지금은 잘 못한다.'는 말은 '못한다고? 그럼, 지금 할 수 있는 사람을 뽑아야지.'라고 생각하게 만듭니다.

겸손함은 면접 자세나 말투에서도 평가할 수 있습니다. 그렇기 때문에 겸손하게 보이기 위해서 답변을 할 때 부정적 단어가 사용되지 않도록 주의바랍니다. 그렇다면, 어떻게 말하면 될까요?

예 "영어 회화를 잘한다는 말을 듣습니다. 아직 부족하지만, 꾸준히 노력해서 원어민처럼 하는 것이 목표입니다."

⬇

"영어 회화를 잘한다는 말을 듣습니다. 매일 2시간씩 이른 아침 시간을 활용하다 보니, 시간을 알차게 보내는 느낌이 들어서 좋습니다. 어휘 수준을 높여서 원어민처럼 하는 것이 목표입니다."

부정적 느낌의 단어보다는 교집합에 어울리는 구체적인 증거를 제시하십시오.

아직 부족하지만 / 성실함, 끈기 / 매일 2시간, 어휘라는 구체적 목표 설정

2. 입사 후 걱정되거나 어려움이 예상 되는 것이 있습니까?

'아는 만큼 보인다.'는 말이 있습니다. 회사와 직무에 대해서 아는 것이 없으면, 입사 후에 대한 걱정도 없겠지요. 그러한 이유로 '걱정되는 것이 없습니다.'라고 대답하기 보다는 한 가지라도 말하는 것이 좋습니다.

답변한 내용이 교집합에서 벗어나지 않는지 확인해 주세요.
시간이 지나도 개선될 수 없는 내용은 아닌지 확인해 주세요.

예 영업팀 지원 "외근, 야근, 출장, 회식 모두 강한 체력으로 거뜬하게 이겨낼 수 있습니다. 그런데 운전면허증은 있지만, 부모님 차로 몇 번 운전한 것이 전부입니다. 그래서 외근과 출장을 갈 때 운전하는 것이 걱정됩니다." (○)

걱정, 어려움은 내가 이겨낼 수 있는 것을 적으셔야 합니다. 작성한 것으로 인하여 일을 하는데 문제가 되면 안 됩니다. 예시를 보면, 학생이었기 때문에 운전할 기회가 없어서 못하는 것은 시간이 지나면 개선이 될 수 있습니다. 그런데, '건강상의 이유로 운전면허증을 발급 받을

수 없어서 외근이 걱정됩니다.'라고 대답을 한다면 이것은 걱정을 넘어서 문제가 될 수 있습니다. 이렇게 회사 업무를 하는데 문제가 되지 않는지 확인하십시오. 영업팀이라도 운전면허가 필요없는 곳도 있습니다. 부서에 대한 고정 관념을 버리고, 내가 조사하고 정리해서 작성한 1단계, 2단계 내용을 가지고 답변하십시오.

3. 가장 도전적인 목표를 세우고 성취해낸 경험은 무엇인가요?

작성하신 내용이 도전적인 것이 맞나요?
성취를 했다는 증거는 무엇입니까?
경험을 통해 느낀 점을 말씀하셨나요?

위의 3가지가 정확하게 있으면 됩니다.

예 "3학년 때 경진대회에 참여했습니다. …(중간 생략)… 비록 처음 목표했던 최우수는 아니었지만, 입상을 할 수 있어서 보람된 경험이었습니다." (×)

'A'라는 질문을 했을 때, 'A' 답변을 해야 하는데, 위의 경우는
'A'라는 질문을 했을 때, 'A″ 답변을 한 것입니다.

'A″는 A가 있기는 하지만, 'A'와 다릅니다.

A : 도전하고 성취한 것을 말하라는 질문이었습니다.

A′ : 도전을 했으나 목표한 것은 이루지 못했고, 그보다는 낮은 상이지만 보람된 경험이었다고 말하고 있습니다.

A 답변이 되려면, 도전을 하고 이루어 낸 것을 경험을 느낀 점과 함께 말해야 합니다.

답변을 할 때 '이 정도는 괜찮겠지.'라고 섣불리 판단하지 마시고, 질문에 맞는 답변만 하셔야 합니다.

A 질문을 받으면, 반드시 답변도 A 입니다.

4. 존경하는 인물이 있습니까?

"감명 깊게 읽은 책이 있습니까?"

"뉴스에 연일 나오고 있는 ○○사건에 대해서 어떻게 생각합니까?"

"내일 지구가 멸망한다면 오늘 무엇을 하시겠습니까?"

위와 같이 정답이 없는 질문은 첫 문장보다 그 뒤에 이어지는 이유, 사례, 설명 등에 무게가 실립니다. 그때 롤모델에 벗어나지 않는 답변이 되었는지 봐야 합니다.

존경하는 인물을 "이순신 장군, 세종대왕, 간디, ○○○대통령, 부모님" 등 누구를 말씀하셔도 틀린 답은 없습니다. 많이 대답하는 인물을 적어보았는데요. 겹치는 분이 계신가요? 인물이 겹치면 그 이유도 비슷하게 나올 확률이 높습니다. 그렇다고 남들이 안 하는 것으로 대답해야 한다는 부담은 안 가지셔도 됩니다. 존경하게 된 계기, 존경하는 이유 등을 말할 때 롤모델에서 벗어나지만 않는다면 나다운 대답이 가능하기 때문입니다. 만약에, 다른 지원자와 인물이 겹칠 것 같다면 나의 경험으로 내용을 풀어주면 좋습니다. 예를 들어, 내가 좌절했던 경험을 이야기하면서 그때 ○○의 ○○○면이 힘이 되었고, 존경하게 되었다고 답변하는 방법입니다.

5. 직장 상사와 갈등이 생겼을 때 어떻게 해결하겠습니까?

"상사가 협력업체와 부당한 거래를 하고 있다는 것을 알게 되었습니다. 어떻게 하겠습니까?

"상사가 부당한 지시를 내린다면 어떻게 하겠습니까?"

상황을 제시하고 해결 방안을 물어보는 문제들은 모아서 연습하는 것이 좋습니다. 풀어나가는 방식이 비슷하기 때문에 띄엄띄엄 연습하는 것보다 한 번 할 때 집중적으로 해서 감을 익혀야 합니다.

먼저, 주어진 상황에서 선택할 수 있는 것이 무엇인지 적어봅니다. 어느 쪽을 선택해도 장, 단점이 있는데요. 그 내용을 옆에 적어보세요.

(상사가 부당한 거래) (1) 상사를 설득한다. – ____________________

(2) 상사보다 높은 상사에게 도움을 요청한다. – __________

(3) 감사팀에 보고한다. – ____________________

"부당한 거래가 확실한지 재확인 → (1) → 개선이 안 된다면 (3)"

"조직생활에서 직업윤리를 지키는 것은 중요 → 규정을 어기다 (3)"

예시에서는 (1), (3)번을 같이 사용한 답변과 (3)번만 사용한 답변을 적었습니다. 연습을 할 때는 한 가지로만 하지 말고, 다른 보기로도 답변해 보세요. 다른 상황도 말로 표현하면, 오히려 처음 말했던 답변을 더 깊이 있게 대답할 수 있게 됩니다.

interview

6장
주별 연습 3개월 3/3

- 3단계: 면접을 보려면 면접어를 배워라

1 – 2 – 3 합격공식 : 주 1회 – 일 2시간 – 발표 3번
주 1회 진행
하루 최소 2시간 집중 연습
대화하듯이 3번 발표

안녕하세요.
3단계에 오신 것을 환영합니다.

면접 외에도 할 일이 많은데 매주 저와 함께하느라 지난 2개월이 쉽지 않으셨죠? '1-2-3 합격공식' 연습법이 부담 없이 할 수 있을 것 같아도 취업 준비생에게 규칙적으로 할 것이 1개 더 추가된다는 것만으로도 짜증이 났을 수도 있습니다. '자기소개서도 힘들어 죽겠는데, 1차 통과하면 그때 봐도 되겠는데.', '그냥 예상문제만 연습해도 되겠는데.'라고 생각하고, 이 책을 포기하지 않아서 얼마나 다행인지 모릅니다. 이제는 여러분도 잘 알고 계십니다. 면접 준비가 자기소개서 작성 실력까

지 상승시켜 주기 때문에 면접 연습을 서류 제출 뒤로 연기하는 것은 좋지 않습니다. 여기서 말하는 실력은 기업이 궁금해 하는 것이 무엇인지 알고, 내가 왜 적합한지 작성할 수 있다는 것이지요. 입사 전형이 서류 → 서류 합격자 발표 → 면접 순서로 진행된다고 해서 준비도 그 순서대로 하면 안 되는 이유입니다. 서류와 면접의 내용이 일맥상통해야 하는데, 서류 지원은 접수가 끝나면 그 서류는 절대 수정이 불가능합니다. 그렇다 보니, 면접 준비 전에 제출된 자기소개서의 일부분으로 인하여 고민하는 일도 생기는데요. 3단계까지 완벽하게 끝내서 면접뿐만 아니라 자기소개서에서도 만족스러운 결과가 나올 수 있기를 응원합니다.

3단계 역시 1개월 분량으로 1-2-3 합격공식은 그대로 유지됩니다.

1단계 : 회사와 직무에 대해서 조사하고, 정리하고, 3번씩 발표했습니다.

2단계 : 나와 회사를 연결하여, 나만의 명답을 만들었습니다.

3단계 : (무엇을 할까요?)

어린 시절에 조립장난감 해 보셨나요? 집짓기, 자동차, 로봇 등 종류가 많았습니다. 여자아이들은 인형 놀이를 많이 했었지요. 머리 빗기고, 드레스 갈아입히고, 구두랑 핸드백도 옷에 어울리게 바꿔줬는데요. 장난감 이야기를 하다보니까 갑자기 생각나는 학생이 있는데요. 면접코칭을 받은 남학생입니다. 모의 면접으로 "첫 월급을 받으면 무엇을 하겠습니까?"라고 질문했을 때, "첫 월급은 부모님 선물과 제 선물을 살 것입니다. 키덜트 족이지만, 그동안 취업 준비로 돈이 부족하여 사고 싶은 것을 못 샀습니다. 첫 월급만큼은 아낌없이 저에게 선물하고 싶습니다."라고 대답을 했습니다. 이렇게 가벼운 질문에 본인의 취미로 자신을 표현할 수 있는 능력이 돋보였습니다. 제 기억으로는 지금 단계 정도에서 질문했었던 것으로 기억합니다. 1단계, 2단계를 잘 활용해서 직무와 연결시킨 적합한 답변이었습니다. 그런데, 아쉬운 점은 답변의 구성이었습니다. 답변의 구성과 관련된 내용은 잠시 후에 3단계〈1〉에서 본격적으로 다루기로 하고, 원래 하던 이야기로 돌아와서 3단계의 전체적 흐름을 마저 보겠습니다. 3단계는 조립장난감을 생각하시면 됩니다.

팔, 다리, 얼굴, 몸통 등을 조립해서 장난감이 완성되는 것과 같이

팔, 다리, 얼굴, 몸통, 날개 ⟹ 조립

↓ ↓

1단계, 2단계를 통한 부품 획득 ⟹ 2단계 롤모델 완성

우리는 8주에 걸쳐서 롤모델 조립을 완료했습니다. 누가 봐도 '사람 모양이네.' 정도의 상태입니다. 이제, 외출이 가능하도록 만드는 작업을 3단계에서 할 겁니다. 바비 인형을 떠올려보면 파티에 가기 위해 드레스도 입혔다가, 등산을 간다고 바지도 입히고, 잘 때는 잠옷으로 갈아입히는 등 장소에 어울리도록 의상을 바꿔줍니다. 그리고 친구들 인형보다 더 예뻐 보이게 구두나 왕관으로 포인트를 주기도 하지요.

우리들도 그렇습니다.

오늘이 소개팅을 하는 날이라고 한다면, 아침에 부스스한 모습으로 일어나서	1, 2단계
깨끗하게 씻고, 깔끔하면서도 나에게 어울리는 옷을 골라서 입고	3단계 – 9주, 10주
액세서리 1개 정도를 활용해서 나를 더 돋보이게 하겠지요.	3단계 – 11주
신발을 신으며 외출 직전에 거울을 보면서 마지막으로 매무새를 확인합니다.	3단계 – 12주

⬇

면접장에서 답을 할 때는, 1.2단계에서 배운 말을 두서없이 하기 보다는	1, 2단계
면접관 귀에 잘 들리도록 깔끔한 구성을 잡아주고	3단계 – 9주, 10주
'귀사에서 찾는 사원은 바로 저입니다.'라고 확인시켜주는 예를 들고	3단계 – 11주
만반의 준비가 된 것이 맞는지 복습하는 마음으로 확인합니다.	3단계 – 12주

3단계 – 9주 차 ┐
3단계 – 10주 차 ┘ 옷

3단계 – 11주 차 – 액세서리

3단계 – 12주 차 – 그날의 주인공 완성

3단계 – 9주

길에서 5살 정도로 보이는 꼬마가 나에게 질문합니다.

"형/누나, 슈퍼가 어디야?"

직진하다가 우회전하면 있는 슈퍼를 찾고 있는 것 같습니다.

나라면 어떻게 알려주겠습니까?

"저기 사거리에 00은행 보이지? 거기서 우회전해서 10미터 가면 슈퍼가 있어."라고 알려주는 분은 없으시겠지요.

길을 알려주기 전에 허리를 굽혀서 아이와 눈높이를 맞추는 분도 있을 겁니다. 그리고 5살 아이 수준의 단어만을 사용하여 알려주겠지요. 잘 가라고 손을 흔들어 줄지도 모릅니다.

아이와 헤어지고 길을 걸어가는데, 이번에는 80대로 보이는 할아버지께서 나를 부릅니다. "여기 슈퍼가 어디에 있을까? 어디서 본거 같은데."

오늘 그 슈퍼에서 할인행사를 하나 봅니다.

나 : "여기서 쭉 가시다가요."

할아버지: "뭐라고? 잘 안 들려."

나 : (목소리를 크게, 손동작도 크게) " 계속 이 길을 가시다가 신호등 나오면 신호등 건너지 마시고, 오른쪽으로 가세요."

귀가 어두운 어르신에게 목소리, 손동작을 크게 해서 안내를 합니다.

2명이 같은 슈퍼를 찾고 있어도, 상대가 누구냐에 따라서 자세, 목소리, 내용, 표정, 손동작 등을 다르게 표현합니다. 그렇게 하는 이유는 하나입니다. 상대방이 잘 이해할 수 있도록 하고 싶은 것이죠. 간혹 아이한테 귀찮다는 듯이 무뚝뚝하게 알려주는 사람을 보면 우리는 배려심이 없다고 생각하게 됩니다. 상대방을 배려하는 길 안내는 나에게 아무런 이득이 되는 것이 없다는 것을 잘 알면서도 착한 마음이 우러나서 하게 됩니다.

면접코칭을 하는 저로서는 답답한 부분이 바로 이것입니다. 그렇게 배려심이 깊은데도 불구하고, 나에게 합격이라는 엄청난 이득이 생길 수 있는 면접장에서는 왜 배려심을 발휘하지 않을까요?

면접장에서 배려심이란 구성과 목소리입니다. 3단계 – 9주, 10주, 그리고 8장에 해당되는 내용을 학습하셔서 이제는 내가 말하고자 하는 것을 면접관의 귀에 잘 들리도록 답변하시기 바랍니다. 잘 들리기 위해서 구성(3단계 9주 10주)과 목소리(8장)가 모두 잘되도록 연습하셔야 합니다.

그럼 본격적으로 구성을 시작하겠습니다. 녹음하시기 바랍니다.

1. 자신의 장점을 말해보세요.

1. 서론 – 본론 – 결론

녹음을 듣고 단답형으로 대답해 보시기 바랍니다.

(1) 장점이 무엇입니까? ______________

(2) 장점을 수긍할 수 있는 경험을 말했습니까? ______________

(3) 경험을 말하였다면 최근 1년 이내의 경험입니까? ______________

(4) 답변이 [서론–본론–결론]으로 구성되어 있습니까? ______________

(5) 제3자의 입장에서 녹음을 들어보십시오. 화자가 말하고자 하는 요점이 무엇인거 같습니까? ______________________________

(강의)

답변한 내용을 토대로 수정, 보안을 함께해 보도록 하겠습니다.

절대 어렵지 않습니다. 쉽고, 자세하게 안내하겠습니다.

- 답변을 [서론–본론–결론] 칸으로 나누었습니다.

답 → 증거 → 강조

서론: 질문에 대한 답

본론: 서론에 대한 예시나 경험, 비유 등 증거 제시

결론: 내가 말하고 싶은 요지 강조

- 서론은 질문에 대한 답을 하는 부분입니다.

서론에서 조심할 것은 2가지입니다.

첫째, 질문에 대한 대답을 반드시 할 것.

미괄식 답변을 듣기에는 심적인 여유가 없습니다. 면접관이 궁금한 부분을 가장 먼저 해결해주세요.

엄마가 "숙제했니?"라고 물어보면, 많은 초등학생들은 "그게 있잖아, 아까 집에 오는데, …(중간 생략)…"라고 변명부터 합니다. 그럼 엄마가 화를 내시며, "그래서 했냐고?" 아이의 변명을 끝까지 듣지 못하고 다시 질문을 합니다. 초등학생은 숙제를 못하게 된 사연을 먼저 엄마에게 이해시켜드리고 싶었는지도 모릅니다. 초등학생처럼 부연설명이 먼저 나오지 않을 자신 있으십니까? 서론은 질문에 대한 대답이 먼저 나와야 합니다. 예를 들어, 면접에서 "학창 시절 가장 성취감을 느꼈던 경험이 있다면 무엇인가요?"라는 질문을 받았다고 합시다. 서론을 뭐라고 대답하시겠습니까?

A "군 제대 후 복학해서 받은 장학금을 받았을 때 성취감을 느꼈습니다." (O)
B "성적표에도 나와 있지만 1학년 때 학점이 낮았습니다. 1학년을 마치고 군대에 갔는데, 많은 것을 느낄 수 있었습니다." (×)

B는 장학금을 받은 경험을 말하고 싶은데, 그러기 위해서는 면접관에게 장학금이 나에게 얼마나 큰 성취감인지 그 때 상황을 부연설명하면 장학금이 더 빛나 보일 것이라 생각했을지도 모릅니다. 하지만, 답을 기다리는 입장에서는 사족처럼 들릴 수 있습니다. 부연설명은 본론

을 활용하시면 됩니다. 서론은 A와 같이 질문에 대한 답을 하십시오.

서론에서 조심해야 할 2가지 중에서 첫째, 질문에 대한 대답을 반드시 하셔야 한다는 점을 말씀드렸습니다. 둘째로는 질문을 정확하게 듣고 대답하십시오.

둘째, 질문을 정확하게 듣고 대답 할 것.

A→A : A를 물어봤는데 A라고 대답하면 통과.

A→B : A를 물어봤는데 B라고 대답하면 동문서답. 지원자 중 1% 이내로 하는 실수.

A→A′ : A를 물어봤는데 A′라고 애매하게 대답하지 않도록 질문을 정확하게 들어야 합니다. A와 비슷하게 생겼지만, A′라는 대답도 잘못 대답한 것이니까요. 의외로 많은 지원자가 A′로 답한 경험이 있습니다. 지난 주에 학습한 내용 기억하시죠?

예 "전공이 직무와 안 맞는데 지원한 이유가 뭔가요?"

서 론 : ______________________________

____

____

B : 전공에서도 직무에 도움되는 부분을 많이 배웠습니다.

A′: 전공이랑 안 맞지만 뽑아주시면 잘할 자신 있습니다.

특기가 있나요?

서론 :

B : 아직은 없지만, 입사하면 뭐든지 전문가처럼 열심히 하겠습니다.

A′: 업사이클링을 배우고 있습니다. 평소 환경문제에 관심이 많아서 시작하게 되었습니다.

B : 특기가 없다면 답변하신 것은 문제가 없습니다. 하지만 뒤에 이어지는 답변이 동문서답이 되었습니다.

A′: 특기는 남보다 뛰어난 재능을 물어보는 질문입니다. 배우고 있다는 표현을 사용함으로써 취미에 가까운 답변이 되었습니다.

A : "업사이클링을 통해서 유리병을 재활용해서 작품을 만들 수 있습니다. 전문가처럼 작품성이 뛰어난 것은 아니지만 환경을 생각하는 마음만큼은 뒤지지 않습니다."

어떻습니까? 이제 A→A : A를 물어보면 A로 답하는 서론은 문제없으시죠? 장점을 묻는 질문으로 연습을 한 번 더 하고 본론으로 넘어가겠습니다.

자신의 장점을 말해보세요.

서론 :

- 본론은 서론을 증명한다고 생각하시면 됩니다.

20대 초반의 동안인 학생이 친구들하고 술집에 갔다가 점원이 "성인이세요?"라고 물어보면, "네"라고 대답을 하겠죠. 그럼 점원이 "죄송합니다만, 주민등록증을 보여주실 수 있을까요?"라고 요청하기도 합니다. "네"라고 대답했는데도 점원은 왜 주민등록증을 요구할까요? 처음 보는 사람의 말만 듣고 믿을 수 없는 것이겠죠. 만약에 고등학생인데 거짓말을 하는 거라면 큰 문제가 생길 수도 있으니까요. 그러한 위험부담을 피하고자 증거자료를 요청한다고 볼 수 있습니다.

면접관도 여러분을 처음 봅니다.

"당신은 성실하고 열정적이며 일도 완벽하게 잘할 수 있습니까?"라고 물어보면, "네"라고 대답하겠죠. 지원자 중에서 "아니요"라고 대답할 사람은 없기 때문에 면접관은 진위 여부를 가려내기 위해서 다양한 질문을 하는 것입니다. 그리고 그 답이 사실이라는 확신을 주지 못하면 합격과는 거리가 멀어질 것입니다. 그런데도 서론만 말하고 끝내시겠습니까? 서론 내용을 증명해야 하는 것도 우리 몫입니다. 어디서? "본론입니다."

증명하는 방법은 과거 경험, 출처가 명확한 자료, 적절한 비유 등 다

양합니다. 경험은 최근 것이 좋습니다. 예를 들어, "성실합니까?"라고 물었을 때 본론으로

본론 1 : "초등학교, 중학교, 고등학교를 모두 개근했습니다."

본론 2 : "면접 준비를 위해 제 자신과 약속을 했습니다. 목표는 방학 중에 영어 목표를 달성하는 것이었습니다. 그래서 저는 50일 동안 매일 아침 7시에 기숙사를 나와서 도서관에 갔고, 지난 달 토익성적에서 목표했던 성적을 얻을 수 있었습니다. 성실함이 있었기에 가능했다고 생각합니다."

본론 1, 2 중에서 어느 쪽 지원자가 현재 성실한 것으로 보입니까? 네, 본론 2가 더 성실하게 느껴지시죠? 성실을 증명하는 기간(본론 1: 초 · 중 · 고 12년, 본론 2 : 영어 공부 50일)은 본론 1이 훨씬 길었습니다. 하지만, 현재 성격을 증명할 때는 오래 지난 경험보다 최근 경험이 더 설득력이 있지 않을까요?

자신의 장점을 말해보세요. **본론 :**

● 결론은 서론과 본론에서 내가 말하고자 하는 것이 무엇인지 밝혀야 합니다.

질문 : "자신을 물건에 비유한다면 무엇이라고 말하겠습니까?"

답변 : 서론

본론

결론

어떤 물건에 비유를 하셨나요? 편안한 이미지를 위해서 소파, 오래도록 뜨겁다는 의미로 뚝배기, 없어서는 안 되는 존재같은 김치 등 다양한 물건(서론)과 그것을 선택한 이유(본론)를 작성하셨을 겁니다. 그런데, 면접관이 오늘 처음 보는 사람이 자신을 비유한 물건이 무엇인지 궁금할까요? 그다지 관심 없습니다. 우리 회사에서 함께 일할 사람을 뽑아야 하는 부담을 가지고 채점하기 바쁘기 때문에 뚝배기든지 양은냄비든지 그것은 중요한 부분이 아닙니다. 이렇게 "감명깊게 본 영화가 있습니까?", "여가 시간에는 무엇을 합니까?"처럼 지극히 개인적인 질문들은 특히 결론이 중요합니다. 서론과 본론 부분은 채점을 하거나 서류를 보면서 듣다가도 결론 부분에서는 집중해서 듣게 됩니다. 무엇을 말하고자 하는지가 드러나는 부분이 결론이기 때문입니다. 그런데 지원자는 의외로 서론 단어선택으로 많은 시간을 허비합니다. 감명 깊게 본 영화 제목을 선정하는데 "액션으로 하면 좀 그렇겠죠?"라고 묻습니다. 어떤 점에서 좀 그렇다는 걸까요? 장르가 중요한 것이 아닙니다. 그 영화를 보면서 느낀 점을 표현해야 하는 결론에 심혈을 기울여 주십시오.

제목과 주제의 차이점이 무엇인가요?

제목 : ....

....

주제 : ....

....

"시간 관리가 성공의 지름길"이라는 제목의 자기계발서가 있다면, 이 책의 저자가 전달하고자 하는 메시지(주제)는 무엇일까요? 네, 맞습니다. '시간 관리를 잘하자.'라고 할 수 있겠지요.

예를 들어, "최근에 읽은 책이 무엇인가요?"라는 질문을 받는다면

서론 : '시간 관리가 성공의 지름길'을 읽었습니다.

본론 : (인상 싶었던 책 내용을 말합니다.)

결론 : ....

결론에서는 어떤 말을 하겠습니까?

결론 A : 내용을 통해서 ***점을 깨닫게 되어 삶을 다시 한 번 돌아보게 되었습니다.

결론 B : 이렇게 훌륭한 '시간 관리가 성공의 지름길'을 읽었습니다.

A와 B 중에서 어떤 대답을 하시겠습니다. 그렇죠. 서론 = 결론 똑같이 말하는 B보다는 내가 이 책을 통해 전달하고자 하는 메시지를 말하는 A가 결론으로 적합합니다. 서론이 제목이라고 한다면, 결론은 주제가 되는 것입니다. 결론을 말하기 위해서 서론과 본론이 보조역할을 한다고 해도 과언이 아닐 정도로 결론은 중요합니다. 면접은 합격과 불합격이 나뉘는 자리입니다. 질문 하나가 얼마나 소중한지 모릅니다. 그 질문 하나에 강조 1개가 필요합니다. 서론-본론-결론 중 어디서 강조를 할까요? 네 맞습니다. 결론입니다.

그럼, 주제의 내용은 어디에서 찾으면 될까요? "교집합입니다."라고 대답하신 분 있으십니까? 그 분들께 박수를 보내드립니다. 정말 잘 대답하셨습니다. 바로 교집합을 강조하면 됩니다. 우리 2단계 **6주**에서 교집합을 정리했었지요?

결론에서 지양해야 할 것은 '서론=결론'입니다. 서론에서 한 말을 결론에서 반복하는 것은 '제목=주제' 같은 단어라고 생각하시는 것과 같습니다. 물론, 제목과 주제가 같은 경우도 있습니다. 면접 질문에서도 마찬가지입니다. 그때는 동의어를 반복하기 보다는 강조의 느낌으로 표현을 다르게 하셔야 합니다.

서론과 결론이 같은 예를 들겠습니다.

"취미가 무엇입니까?"

서론 : 등산입니다.

본론 : 취업 준비로 바쁘지만, 매달 동아리 친구들과 등산을 하고 있

습니다. 산의 좋은 기운을 받고 오면, 취업 준비가 더 잘되는 느낌이라서 즐겁습니다.

결론 : 취업을 해도 심신 단련을 위해 등산은 꾸준하게 하려고 합니다.

어떻습니까? 취미가 등산이라는 정보만 전달되는 답변이었습니다.

그럼 나의 교집합에 대인관계, 체력 부분이 있다고 가정하고 결론만 바꿔보겠습니다.

결론 : 4년 동안의 등산은 무엇과도 바꿀 수 없는 돈독한 우정과 체력 그리고 강한 정신력을 주었습니다.

자신의 장점을 말해보세요. **결론 :**

서론-본론-결론 각각 연습하셨습니다. 이제 합쳐서 질문에 대한 답변을 완성하겠습니다.

녹음하면서 답변 바랍니다.

자신의 장점을 말해보세요.

서론 :

본론 :

결론 :

[서론-본론-결론] 연습을 하셨는데요.

"그럼, 모든 질문에 [서론-본론-결론]이 적용되는 건가요?"

"간단한 추가 질문도 [서론-본론-결론]이 해당되나요?" 등이 궁금하실 겁니다.

서론에서 말씀드렸듯이 저도 질문을 받았으니까 대답 먼저 바로 하겠습니다.

"그럼, 모든 질문에 적용되는 건가요?" 대답 : 아닙니다.

"간단한 추가 질문도 해당되나요?" 대답 : 아닙니다. "네", "아니오" 라고 답하는 질문도 있습니다.

모든 질문에 적용되는 것은 아니지만 [서론-본론-결론]으로 연습해야 하는 이유는 가장 기본이 되는 구성이기 때문입니다. 기본이 탄탄하면 응용이 가능합니다. 기본 구성이 완벽하게 익숙하게 되었을 때, 우리는 예외의 상황도 자연스럽게 대처할 수 있습니다.

2. 깔끔하게 만들어라(숫자 활용)

2-1. 000자격증 따기 힘들지 않았나요?

(자격증, 영어성적, 수상경력 등 이력서에 적혀있는 것으로 질문을 대체해서 대답하십시오.)

서론 : ....

....

....

본론 : ....

....

....

....

....

결론 : ....

....

....

(가), (나) 두 사람의 답변 일부를 발췌한 것을 보고 차이점을 찾아주세요.

(가. 지원자) : "자격증을 취득하는데 꾸준한 노력 덕분인 것 같습니다. 매일 공부를 하는 것이 쉽지 않았지만, 꼭 합격하겠다는 열정이 있었기에 목표를 달성할 수 있었습니다."

(나. 지원자) : “자격증을 취득하겠다고 결심하고부터 ‘매일 3시간’이라고 쓴 종이를 방에 붙였습니다. 친구들과 술을 마시고 온 날도 저와의 약속을 지켰는데요. 그런 꾸준함 덕분에 처음 목표로 계획했던 3개월 만에 합격할 수 있었던 것 같습니다.”

(가)와 (나)의 차이점은 숫자 3입니다.

매일 공부했다는 답변은 추상적으로 다가옵니다.

시간을 어느 정도 할애했는지 상상이 되지 않습니다. 또한, 목표가 뚜렷하게 느껴지지 않습니다. 우리가 매일 하는 것은 많습니다. 매일 밥을 먹습니다. 매일 잠을 잡니다. 매일 TV를 시청합니다. 매일 반복적으로 하는 행동이지만, 동일한 시간은 아닙니다. 7시간 잠을 자는 날도 있고, 시험 기간이라서 2시간 쪽잠을 자기도 합니다. 휴일에는 5시간 동안 드라마를 보기도 하지만, 평일에는 뉴스만 시청합니다. ‘매일’이라는 단어로 나의 행동이 규칙적이고, 열정적이고, 끈기 있어 보이기에는 한계가 있습니다. ‘매일’이라는 단어에 국한되어 생각하시면 안 되고, 열심히 준비한 나의 답안에 ‘숫자’를 활용할 곳을 찾아주세요.

실제 면접에서 모든 질문에 숫자가 들어있는 답변을 해야 하는 것은 아닙니다. 오히려 질문에 활용하려고 해도 숫자를 사용할 수 있는 정보가 없으면, 하고 싶어도 할 수가 없습니다. 1단계가 탄탄할수록 차별화된 답변이 가능하다는 점 기억하셔서 회사, 직무, 전공, 상식 등을 학습할 때 숫자가 들어가는 정보는 정확하게 기억해서 답변으로 활용해 보십시오.

2-2 최근 뉴스 중에 기억나는 것이 있습니까?

서론 :

본론 :

결론 :

3단계 – 10주

지난주에 이어서 학습하겠습니다.

3. 첫째, 둘째, 셋째

아래는 [첫째, 둘째, 셋째]를 활용하면 좋은 질문 유형입니다.

* 직무/전공 지식 질문
* '3가지를 말해보세요.', '생각나는 대로 말해보세요.'
* 답변시간이 2분을 넘길 것으로 예상되는 질문

1단계 – 4주 3번 질문처럼 '3가지를 말해 보세요.'의 답변은 첫째, 둘째, 셋째로 답변을 잘하는 분이 많습니다. 1단계 – 4주 2번 질문처럼 3가지라고 명시하지는 않았지만, 첫째, 둘째, 셋째를 사용하시면 나의 생각이 무엇인지 깔끔하게 정리된 모습으로 비춰집니다.

질문 : ○○○자격증 따기 힘들지 않았나?

(다. 지원자) : " 공부 초반에는 막막하기만 했습니다. 괜히 하다가 포기하는 것보다 지금 그만둘까 생각도 진지하게 했었습니다. 하지만, 필요하다고 판단된 이상 꼭 싸워 이기겠다고 굳게 마음먹고 딱 3가지만 생각했습니다. 첫째, 할 수 있다. 둘째, 안 되는 것은 없다. 셋째, 죽을 각오로 밀어붙이자. 정신력의 힘을 경험할 수 있었던 좋은 기회였습니다."

(가. 지원자)처럼 숫자를 활용할 내용이 없다면, (다)처럼 [첫째, 둘째, 셋째]를 사용도 좋습니다. (다. 지원자)의 답변은 내용적인 면에서는 밋밋합니다. 만족스러운 답변은 아니지만, [첫째, 둘째, 셋째]를 사용함으로써 강한 의지를 좀 더 부각시켜 줬습니다.

주의하실 점은 [첫째, 둘째, 셋째]를 남용하시면 안 된다는 것입니다.

그렇다고 미리 염려할 것은 없습니다. 모든 질문에서 사용할 수 있는 것이 아니기 때문에 남용될 확률은 적습니다. 실제 면접에서는 전체 질문 중에 1번 내지 2번 정도 사용한다고 생각하시면 되겠습니다.

예를 들어, " 최근에 본 영화가 있습니까?", "최근 일어난 ○○○사회 현상에 대해서 어떻게 생각합니까?" 이러한 질문에는 [첫째, 둘째, 셋째] 사용이 적합하지 않겠지요. 억지로 사용하시면 안 됩니다.

[우선], [2가지 측면이 있다고 생각합니다. 하나는 ~~이고, 또 다른 하나는 ~~입니다.]라는 표현도 많이 사용하시는데요. 2가지로 나뉜 것이 시간 순서라면 "우선, ~~을 하고, 다음에 ~~하겠습니다." 예를 들면, "상사가 부당한 지시를 내린다면 어떻게 하겠습니까?" 같은 질문에서 사용하면 좋겠지요.

그럼, 그 질문으로 우리도 연습해볼까요?

3. 상사가 부당한 지시를 내린다면 어떻게 하겠습니까?

서론 :

본론 :

결론 :

위의 질문처럼 상황에 대한 대처를 물어볼 때, 많이 사용하는 답변 방식이 있습니다. 두세 개 선택권 중에서 1개를 결정하고, 결정한 이유는 비교를 통해 말하는 것입니다. 그럼으로써 나의 결정이 타당하다는 인식을 주는 효과를 기대하게 되는데요.

서론에서는 상사가 부당한 지시를 내린다면 어떻게 할 것인지 1문장 내지 2문장으로 답합니다. 예를 들어,

서론– A 방법으로 대처하겠다고 했다면,

본론– A 방법으로 결정한 이유를 말합니다. 그때, A 방법과 B 방법 중에서 고민 끝에 A 방법을 결정한 이유를 말하면서 설명하는 것도 좋겠지요.

결론– B보다 A 결정으로 인하여 예상되는 결과나 중요시 생각한 부분 등을 말합니다.

이러한 답변 방식만이 정답은 아닙니다. 다만, 생각을 말할 때 왜 그러한 선택을 했는지는 청자가 납득할 수 있도록 본론에서 말씀하셔야 합니다.

메모

4. 수수한 문장으로 만들어라(문장 길이)

녹음을 하면서 연습하면 좋다고 말씀을 드렸는데요. 녹음 한 것 1개를 들으면서 내가 말했던 것을 그대로 적어보세요. 내용을 수정할 수 있도록 줄과 줄 사이에 여유 공간을 두었습니다. 줄의 간격이 넓다고 해서 2줄씩 작성하지 마시고, 줄에 맞추어 작성하시면 되겠습니다.

4–1

질문 : ______________________________

책 : ______쪽

시간 : ______초

문장의 길이를 보셔야 하는데요. 사람마다 필기할 때 글자 크기가 다르기 때문에 여러분이 확인하기 편하도록 기준을 잡겠습니다. A4 용지로 포인트 10을 기준으로 했을 때 1줄 반이 어느 정도인지 확인하시기 바랍니다. 그런 뒤에 내가 작성한 문장의 길이가 1줄 반보다 긴 것은 밑줄을 그어주세요. 쉼표나 수식어가 많으면 많을수록 정확한 내용 전달에는 방해가 됩니다.

영어 지문을 읽을 때도 문장이 길어서 쉼표가 많을수록 주어와 수식어 찾는 것이 어려운 것처럼, 면접도 마찬가지입니다. 면접은 한국말이기는 하지만, 지문이 아니라 듣는 것이기 때문에 내가 잘 못 말하게 될 확률도 높아지고, 면접관이 요지를 파악하는데, 어려워할 수 있습니다.

한 문장이 반드시 2줄 이상 되어야만 하는 특별한 경우를 제외하고는 문장을 수수하게 만들어주세요. 롤모델의 옷을 입히는 과정은 다음 주에 자세하게 하겠지만, 확실한 것은 문장의 과한 꾸밈은 옷을 입히는 과정에 해당 되지 않는다는 것입니다.

내가 작성한 문장을 최대한 줄여보는 연습을 해 보시기 바랍니다.

그럼, 위의 작성한 내용을

- 문장 길이를 조절하면서
- 서론-본론-결론이 잡혀있는지 보고, 필요하다면
- 숫자까지 활용해 보세요.

4-2

질문 : ______________________________

시간 : ______초 (재구성된 내용으로 답변한 시간)

서론 :

본론 :

결론 :

5. 자연스럽게 말하라(구어체 사용, 일상적인 단어)

진솔한 모습을 보여야 하는 면접장에서 암기한 내용을 말하는 것 같은 느낌은 좋지 않겠지요. 보통 암기라고 하면 지식적인 측면을 생각하게 됩니다. "집 주소가 어떻게 됩니까?"라는 질문을 받았을 때 우리는 오래 생각하지 않습니다. 왜 그럴까요? 암기하고 있기 때문이죠. "최근에 본 책이 있습니까?"라는 질문도 인상깊게 읽었다면 바로 대답할 수 있을 겁니다. 책 제목을 암기했기 때문이죠. 그럼, 책을 읽고 느낀 점이 들어가는 본론은 어떻습니까? 본론도 암기에 해당될까요? 아니죠. 감정이 반영된 답변이 나오게 됩니다.

드라마를 보다 보면, 가끔 연기가 어색하다는 평가를 받는 신인들이 있습니다. 어색한 연기의 기준이 뭔가요? 변화 없는 표정, 대본을 읽는 것 같은 어색함, 배역에 대한 미숙한 분석력 등을 기준으로 시청자는 평가를 하게 됩니다.

면접에서 내가 나답게 보이는 것이 가장 자연스러운 것입니다. 그러기 위해서 앞에 계시는 면접관과 대화를 하셔야 합니다. 경직된 표정, 어색한 미소, 답변을 암기한 것 같은 어색함, 직무와 어울리지 않는 답변 등은 지원자가 그 회사에 부적합하다는 평가를 하게 될 것입니다. 그렇다면 대화는 어떻게 하면 될까요? 문어체가 아니라 구어체를 사용하시고, 그 대화에 사용되는 용어는 일상적으로 사용하는 단어를 쓰시면 됩니다.

그럼, 다음 질문으로 연습해 보겠습니다.

5. 취업 준비하면서 스트레스 많이 받죠? 스트레스가 쌓이면 어떻게 푸나요?

서론 :

본론 :

결론 :

예를 들어서,

"불확실한 미래가 저의 삶에 미치는 영향은 상당하다고 믿어 의심치 않습니다." vs "최선을 다해서 취업 준비를 하고 있습니다. 그래도 결과를 알 수 없다는 불안함 때문에 밤잠을 설치게 됩니다."

자연스러운 문장은 어느 것입니까? 그렇죠. 뒤에 문장입니다.

어른과 대화를 한다는 부담감에 평상시 안 쓰는 단어를 사용하는 분들이 많습니다. 명절에만 만나는 친척어른과 대화를 할 때, "요즘 제 삶이~"라고 말하지 않습니다. "요즘 제가요~"라고 말씀하시겠지요. 존댓말로 예의는 갖추시되, 일상적인 구어체로 자연스럽게 답변하십시오.

2주에 걸쳐서 면접관 귀에 잘 들리도록 깔끔한 구성잡기를 하였습니다. 다음 주는 깔끔한 구성에 포인트를 주는 작업을 함께 하겠습니다. 고생하셨습니다.

3단계 – 11주

1. 생동감 있는 경험

오늘은 3단계 – 9주 본론을 좀 더 '나만의 이야기'로 만드는 작업을 통해서 고개를 끄덕이게 하는 답변이 될 수 있도록 해 봅시다.

토익 성적이 높게 나와서 친구에게 자랑을 했는데, 친구가 의심의 눈초리로 나를 쳐다봅니다. 믿게 하기 위하여 어떻게 하시겠습니까?

"정말 ○○○점 맞다니까!"라고 상대방이 믿을 때까지 반복해서 말하겠습니까? 그것보다는 성적표를 보여주는 것이 믿도록 하는데 빠르겠지요. 이렇게 서론이 '○○○점 받았음.'이라면, 본론은 '○○○점 증명'이 필요할 때가 있다고 말씀드렸는데요. 그때 사용하는 것 중에 하나가 나의 경험입니다. 경험을 듣고 '아, 그런 일이 있었구나. 서론에서 한 말이 사실이군.'이라는 확신을 주는 것이죠.

아래에서 1개를 골라서 관련 경험을 적어주세요. 예를 들어, '학점이 높다'를 선택했다면 관련 경험으로 '1학년 때 공부를 안 했지만, 군에서 제대하고 **계기로 공부에 집중하게 되어 4학년 때 전액장학금을 받았던 내용'처럼 선택한 단어를 증명할 수 있게 해주세요.

1개를 고르면 그것이 서론이 되는 것입니다. 그럼 본론에서 나의 경험을 이야기함으로써 서론을 증명하면 됩니다.

작성 후에는 녹음하면서 답변 바랍니다.

부지런하다	예민하다	술을 못 마신다	운동을 좋아한다	창의력이 있다
학점이 높다	잠이 많다	대인관계가 좋다	자기관리가 철저하다	좌우명이 있다
주위 사람한테 미쳤다는 이야기를 들은 적이 있다				

시기 : 년 월 ~ 년 월 **장소 :** **내용 :**

위에 작성하신 내용을 토대로 단답형으로 대답해 보시기 바랍니다.

(1) 경험을 1가지 적었나요? ....

(2) 경험을 시간 순서대로 적었나요? ....

(3) 답변했을 때 몇 문장입니까? .... (녹음한 것을 들으면서 확인하시면 좋습니다.)

(4) '제가', '저는' 이라는 표현이 있습니까? ....

(5) 제3자의 입장에서 녹음을 들어보십시오. 화자가 그 경험을 통해 말하고 싶은 것은 무엇일까요?

....

(강의)

(1) 권장 : 1가지 경험

전달하고자 하는 요점이 같은 이야기가 2개라면 지루할 수 있습니다.

(2) 권장 : 전달하고 싶은 부분만 추려서

경험의 모든 과정을 시간 순서대로 상세히 적는 것 역시 지루할 수 있습니다. 면접관은 지원자의 경험을 완벽하게 알고 싶은 것이 아니라, 그 경험을 통해서 무엇을 느꼈는지 알고 싶을 뿐입니다.

(3) 권장 : 10문장 이내

본론의 권장 소요시간은 40초~60초입니다.

10문장이라고 하는 것은 말의 속도와 내용에 따라서 다르겠지만, 평균적으로 10문장 내외로 맞춰주세요. 녹음을 들으면서 나에게 맞는 분량이 몇 문장인지 확인해 보세요.

(4) '저는' 표현은 빼주십시오. 이것은 모든 질문에서 공통사항입니다.

불필요한 단어를 문장 가장 앞에 배치하는 것은 집중력을 떨어뜨릴 수 있습니다.

집에 있다 보면, 간혹 스피커에서 나오는 목소리가 들립니다. "고장 난 텔레비전이나 컴퓨터, 냉장고 삽니다. 010-****-**** 으로 전화주세요."라고 들어본 적 있으시죠? 예전에 스피커 소리를 항상 흘려 듣다가 컴퓨터를 버려야 해서 전화번호를 귀 기울여 들은 적이 있습니다. 트럭이 이동하면서 소리가 나서 그런지 11자리 번호가 한 번에 안 들렸습니다. 그래서 3번을 듣고도 확신이 없어서 전화를 못 한 경험이 있습니다. 결국은 전화를 못 했지만, 그때 귀 기울여 들으면서 느낀 것은 상대방에게 잘 들릴 수 있도록 노력했다는 점이었습니다. 우선, 군더더기가 없습니다.

"집에 고장 난 전자기기가 있으면 제가 사겠습니다. 컴퓨터도 오래

된 것도 괜찮습니다. 텔레비전이나 냉장고 등 전자기기면 다 좋습니다. 연락주세요. 제 연락처는 010-****-****입니다. 언제든지 전화주세요"라고 말하지 않았습니다. 냉장고나 세탁기 등은 보통 집에 있습니다. 그런데 굳이 집이라는 단어를 쓸 필요는 없겠지요. 전자기기라는 동의어 반복이나 오래된 컴퓨터라고 하는 표현 역시 군더더기입니다. 그리고 트럭이 이동한다는 특성상 문장을 최대한 짧게 했습니다. 반복해서 들을 수 있도록 최대한 짧게 필수 단어 중심으로 말했습니다. 중요한 부분은 천천히 말합니다. 내용은 빠르게 말해도 번호는 천천히 또박또박 말을 합니다. 가장 정확하게 전달하고 싶은 부분이기 때문입니다. 이렇게 10초 내외의 내용을 전달할 때도 최대의 효과를 위해 노력합니다.

전체 문장에서 전달하고 싶은 부분만 추린다면 '고장'이라는 단어와 '010-**** -****'라는 번호입니다. 그럼, 문장을 시작할 때 고장 난이라는 단어가 가장 먼저 나오는 것이 훨씬 좋겠지요. 그리고 번호는 천천히 읽어줍니다. 그렇게 나온 결과물이 "고장 난 텔레비전이나 컴퓨터, 냉장고 삽니다. 010-****-**** 으로 전화주세요."가 된 것입니다.

(5) 수다를 늘어놓는 것인지, 전달하고자 하는 내용이 명확한 것인지 다시 한 번 확인바랍니다. 위에 스피커 내용처럼 전달하고 싶은 나의 경험이 명확하게 들리는지 확인하시면 되겠습니다.

그럼, 5가지를 유념하면서 다른 질문으로 연습하겠습니다.

남들보다 잘하는 특기가 있습니까? 녹음 시간 : ______ 초

서론 :

본론 :

결론 :

(1) 경험을 1가지 적었나요?

(2) 경험을 시간 순서대로 적었나요?

(3) 답변했을 때 몇 문장입니까? (녹음한 것을 들으면서 확인하시면 좋습니다.)

(4) '제가', '저는' 이라는 표현이 있습니까?

(5) 제3자의 입장에서 녹음을 들어보십시오. 화자가 그 경험을 통해 말하고 싶은 것은 무엇일까요?

(6) 앞에 질문에서 답변한 것보다 특기를 물어본 이번 답변에서 개선된 부분이 무엇입니까?

(7) 생동감 있는 경험을 표현하기 위해 앞으로 더 개선하고 싶은 부분이 있다면 무엇입니까?

2. 풍성한 가지

차는 있는데, 기름이 없다.
총은 있는데, 총알이 없다.
밥은 있는데, 수저가 없다.

그야말로 난감한 상황입니다. 어쩌면 차, 총, 밥이 아예 없는 사람보다 더 속상할 수도 있겠지요. 면접에서도 비슷한 상황이 있습니다. 질문과 관련된 경험은 있는데, 말도 못하고 나온 경우입니다. 이렇게 면접에서는 경험을 말하지 못하고, 면접장을 나와서 속상해하는 경우가 많습니다. 경험을 이야기하는 방법은 알았는데, 이야깃거리가 없기 때문입니다. 더 정확하게 말하면, 면접장에서 이야깃거리가 떠오르지 않았기 때문입니다. 2단계에서 이야깃거리를 정리했음에도 불구하고, 왜 그런 문제가 발생할까요? 이렇게 경험을 이야기하는 방법을 알면서도 말하지 못하는 상황이 발생하지 않으려면, '이야깃거리 파일'을 만들어야 합니다.

경험은 있는데, 파일이 없다.

이런 경우는 면접에서 난감한 상황이 될 수 있습니다. 언제든지 열어볼 수 있는 파일로 만든다면 질문을 받았을 때 흐릿한 기억을 5초 이상 뒤적거리지 않아도 됩니다.

이야깃거리를 총알이라고 봤을 때, 총알이 많을 필요는 없습니다. 오히려 무겁고 휴대하기도 힘듭니다. 10개만 정리하도록 하겠습니다.

10개를 고르는 기준은 간단합니다. 오늘부터 어린 시절로 시간을 거꾸로 돌리면서, 기억에 남는 사건을 자신이 알아볼 수 있을 정도로만 짧게 적어주세요. 우리가 미리 비슷한 작업을 2단계에서 했었는데요. 2단계를 보거나, 그동안 찍은 사진들을 보면서 기억을 떠올리는 것도 좋겠습니다.

간략한 메모	대략 날짜
1	
2	
3	
4	
5	
6	
7	
8	
9	
10	

찾는데 어렵지 않으셨죠? 연습하다 보면, 갑자기 다른 추억이 떠오르는 것을 경험하실 수 있습니다. 샤워를 하다가도 '아, 그런 일도 있었는데.'라고 갑자기 생각이 나게 됩니다. 그래서 추후에 이야깃거리를 바꾸고 싶거나, 생각이 떠올랐을 때 귀찮다고 생각하지 마시고, 바로 적어야 합니다.

다음으로 10가지를 연습하는 방법을 알아보기에 앞서서 '접근하는 방향'에 대해서 꼭 이해해 주셨으면 합니다.

질문 1	해당 경험 1
질문 2	해당 경험 2
질문 3	해당 경험 3
질문 4	해당 경험 4
질문 5	해당 경험 5
.	.
.	.
.	.

각 질문에 적합한 경험이 결정되면, 다른 질문에는 그 경험을 사용하지 않는 분이 많습니다. 예상 질문에 답변을 적고 암기하는 방법으로 연습하신 분들에게 많이 나타나는 모습인데요. 예를 들어, "아르바이트 경험이 있나요?"라는 질문에 답변 연습을 했다면, 그 본론에서 사용된 아르바이트 경험은 다른 질문에서 재활용하려 하지 않습니다. '아르바이트 관련 답변'이라고 머릿속에 저장하고 있어서, 다른 질문을 받았을 때 그 답변의 일부분만을 이야기하는 것이 힘들게 되는 것입니다. 만약

에 서론과 결론을 빼고, 아르바이트 경험만 별도로 생각을 정리해 두었다면 어떨까요? 본론에서 아르바이트 경험을 활용할 수 있는 질문은 많겠죠? 한 번 같이 찾아볼까요?

2단계를 보지 마시고, 롤모델을 떠올리면서 '우리가 보여주어야 하는 모습'을 생각나는 대로 적어보세요.

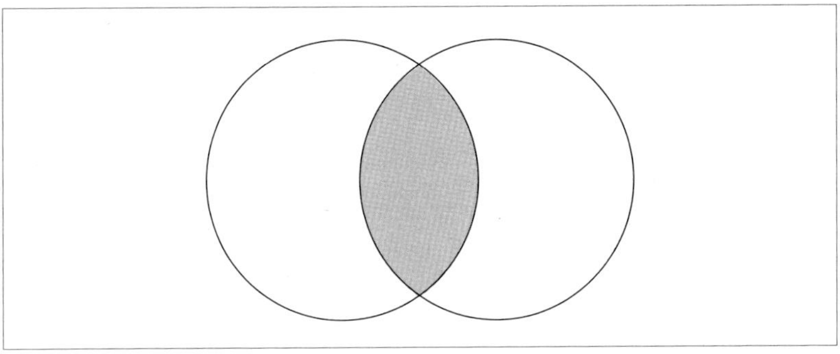

그럼, 위에 작성한 것을 1개씩 아르바이트 경험과 연결시켜 보세요. (아르바이트 경험이 없으신 분은 위의 10가지 중에 혼자가 아니라 여럿이 등장하는 경험으로 연습하시면 됩니다.)

위에 작성한 것이 서론이라면, 아르바이트 경험은 본론입니다. 즉, 서론을 증명하는 것이 본론입니다. 아르바이트 경험 중에서 증명이 가능할 것 같은 서론을 골라서 동그라미로 표시하세요. 1가지 경험 안에는 다양한 소재가 있습니다. 아르바이트라고 하면, 모집 공고, 사장님과 면담, 실수, 진상 고객, 부당한 대우, 사장님의 경영방침, 자영업에 대한 생각 등 이야기는 넘쳐납니다. 이렇게 다양한 소재 중에서 서론을 증명할 수 있는 것을 찾는 겁니다. 동그라미가 최소 2개 이상 나와야 합니다. 동그라미가 1개라면 경험이 부족한 것이 아니라 질문과 경험을 1개씩 연결시켜서 암기하려는 경향이 강한 것은 아닌지 확인해 주세요.

아래는 운전면허증을 따는 경험을 통해서 3가지 질문에 대답한 것입니다.

질문 : 단점이 뭔가요? – "어린 시절 사고 경험이 있어서 운전에 대한 겁이 많은데, 정신력으로 이겨냈다."

질문 : 합격하면 무엇을 할 것인가? – "어디든지 오른발로 갈 수 있게 되었다는 것에 희열을 느꼈다. 이제 차를 살 수 있는 돈만 있으면 된다. 차를 살 때까지 월급을 못 쓰기 때문에 우선은 합격하면 돈을 모으기만 하겠다."

질문 : 상황 극복 관련 질문 – "T코스에서 떨어졌을 때, 실수라고 생각하고 대수롭지 않게 넘겼다. 3번을 T코스에서 떨어졌을 때, 그때서야 분석을 했다. 그리고 바로 합격할 수 있었다. 얼마나 어리석었는지 내 자신이 부끄러웠다. 그 뒤로는 긍정적인 것과 안이한 것이 다르다는 것을 잊지 않고 분석하는 자세를 가지려고 노력하고 있다."

이렇게 질문 3가지– 경험 1가지로 답변이 가능합니다. 반대로도 가능합니다. 질문 1가지–경험 3가지가 있을 수도 있습니다. 반드시 1–1로 되는 것은 아니라는 점을 기억해 주십시오.

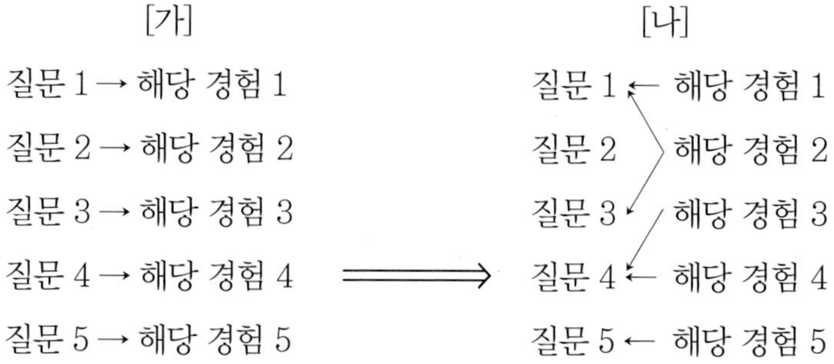

화살표 방향을 보면, 왼쪽 [가]는 질문을 듣고 그에 맞추어 암기한 경험을 찾고 있습니다.

반면에 오른쪽 [나]는 나의 경험을 정확하게 정리하고, 적절한 질문에 경험을 사용하는 것입니다.

오른쪽 화살표 방향을 이해하고, 10가지를 정리했을 때 알맞은 상황에 바로 활용이 가능합니다.

10가지 중에서 1가지로 연습하겠습니다.

기간(날짜) :

내용 : 경험과 관련된 내용을 구애받지 말고, 생각나는대로 적어보세요.

문장보다는 화살표를 사용해서 「경험 – 세부기억 –나의 강점」을 적어주면, 느낀점이나 진행 상황 등이 한눈에 들어 오기 때문에 좋습니다.

예

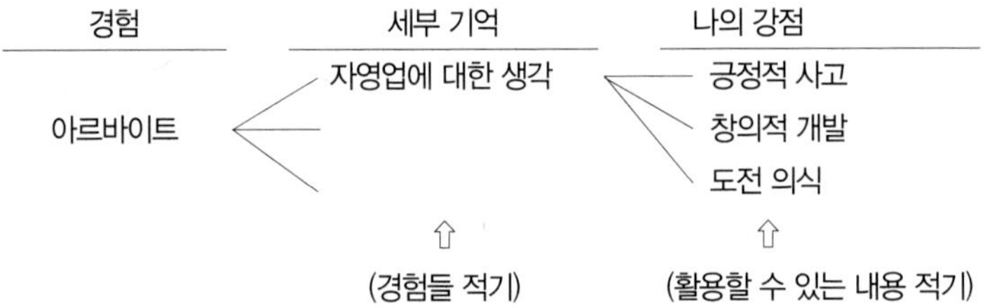

한눈에 들어오도록 하면 질문을 받았을 때, 이야기 끝이든지 중간이든지 바로 활용이 가능합니다. 그러기 위해 중요한 것은 작성하면서 자기 스스로가 생각이 정리가 되어야 한다는 것입니다.

나뭇가지처럼 뻗어진 것을 보면서 자기소개를 만들어 보겠습니다. 어떻게 답변으로 활용하는지 직접 연습해 봅시다.

1. **가지 끝부분에 '나의 강점' 중에 마음에 드는 것을 하나 고릅니다.**

2. **예를 들어 '도전 의식'이라면, 도전 의식이라고 적혀있는 것이 몇 개인지 찾아봅니다.**
   3개 이상이면 그 중에서 2개만 고르고 해당 경험을 적습니다. 1개라면 1개만 적으시면 됩니다.
   본론에서 활용할 때, 1개가 좋지만 2가지의 세부 기억이 자연스럽게 연결된다면 2개까지는 괜찮습니다.

3. **구성을 잡아서 답변을 말들어 보겠습니다.**
   아래는 예시입니다.

   서론 : _2번_ 을 갖춘 지원자라는 표현
   본론 1 : 서론을 증명할 수 있는 경험
   본론 2 : 그러한 경험에서 본론 1처럼 느낄 수 있는 것이 강점
   결론 : _2번_을 기반으로 나의 포부/정신력/미래/가치관 등을 강조

서론 :

본론 1.

본론 2.

결론 :

10가지의 경험을 나뭇가지처럼 그림으로 표현하는 작업만으로도 시간이 오래 걸립니다.

마음이 급해서 '나뭇가지 10개 만들고 말로 하는 연습해야지.'라고 생각하시면 비효율적입니다. 면접은 절대 급하게 하시면 안 됩니다. 2개 정도만 나뭇가지 그림을 완성하시고, 3번으로 넘어가십시오. 하루에 몰아서 하는 것 보다는 시간 간격을 두고 1개씩 추가하는 것도 좋습니다. 면접 실력이 향상되는데 도움이 되는 연습이기도 하지만, 반대로 면접 실력이 좀 더 향상되었을 때 그리는 나뭇가지는 더 풍성하게 되기 때문입니다. 적어도 2번으로 나누어 오늘과 다음 주에 작성해 주세요.

1

기간 :

내용 :

2

기간 :

내용 :

3

기간 :

내용 :

4

기간 :

내용 :

5

기간 :

내용 :

6

기간 :

내용 :

7

기간 :

내용 :

8

기간 :

내용 :

9

기간 :

내용 :

10

기간 :

내용 :

3단계 – 12주

※ 4주, 8주, 12주 : 오늘은 ☆ 7장도 함께 공부하는 날입니다.

여기는 면접장입니다.

질문을 듣고 실제 면접을 본다고 생각하고 답변을 하시기 바랍니다.

(희망하는 회사를 1곳 정하고, 면접 당일 나를 상상하여 적어봅시다.)

회사명 :

지원부서 :

회사위치 :

면접날짜 : (희망하는 날짜를 적어주세요.)

면접의상 : (옷, 구두, 헤어 등 계획한 만큼 작성 바랍니다.)

1. **자기소개**

2. 직장이란 어떤 곳이라고 생각합니까?

3. 나(면접관)한테 500ml 탄산수를 팔아보세요.

(귀사가 지원하는 회사의 상품이 있다면 그것을 팔아보세요.

예: 식료품, 카드, 보험, 전자제품 등)

4. 과장님이 OO 씨(지원자)에게 일을 시켰습니다. 야근을 해야 끝낼 수 있는 일입니다. 그런데 오늘 저녁 7시에 중요한 가족 모임이 있습니다. 어떻게 하시겠습니까?

5. 마지막으로 하고 싶은 말 있으면 하세요.

[3단계 – 12주 강의]

1. 자기소개

모임에서 자기소개 해 본 경험 있으시죠? 뭐라고 소개하시나요? 교내에서 토익 스터디를 하기로 했다고 가정해보겠습니다. 오늘이 스터디 첫날이고, 10명의 팀원이 모두 모였습니다. 이제 1명씩 자기소개를 합니다. 아마도 "안녕하세요? ○○○라고 합니다. 저는 ○○학과 ○학년입니다. 열심히 하겠습니다. (인사)"라는 소개와 비슷하게 하지 않을까 생각합니다. 좀 더 추가한다면 사는 곳, 나이, 토익에 대한 열정 등이 있겠지요. 스터디 첫날로 돌아가서 팀원은 10명이고 9명이 이와 비슷하게 자기소개를 마쳤습니다. 이제 마지막 1명이 남아있는데요. 어색하다는 듯 머리를 긁적이며 일어납니다. "○○과 ○○○입니다. 졸업하기 위해서 ○○○점이 필요한데요. 1년을 공부했는데도 아직 ○○점이 모자랍니다. 이제 6개월 남았는데 큰일입니다. 과제나 출석은 1등으로 할 자신 있습니다. 어떤 정보라도 도움되는 것이 있으면 언제든지 알려주십시오. 감사합니다."라고 말했습니다. 팀원들은 웃으면서 박수쳤습니다. 그렇게 1차 모임이 끝나고, 며칠이 지나서 학교 식당에 갔다가 스터디 팀원을 만났습니다. 마지막으로 자기소개를 했던 그 사람입니다. 그 팀원을 보고, 처음 떠오르는 단어가 무엇인가요? 이름? 학과? 그것보다는 ○○○점이나 졸업이라는 단어가 떠오르지 않을까요?

이 사람은 그 모임에서 본인을 기억에 남게 하는 데 성공한 겁니다. 만약에 이 사람이 남들이 편안하게 말을 걸 수 있고, 정보가 있으면 주고 싶은 마음이 들도록 하는 목표가 있었다면 자기소개만으로 대성공입니다.

우리가 1, 2, 3단계 학습이 끝나는 마지막 날이 되어서야 자기소개를 연습하고 있습니다. 그만큼 전략적인 답변이 요구되기 때문입니다.

서론에서 "뚝배기 같은 ○○○입니다."처럼 비유도 많이 합니다. 비유 자체는 문제가 되지 않습니다. 다만, 얼마만큼 그 회사와 직무에 필요한 본론으로 이야기를 풀어주느냐가 중요합니다. 무작정 포장하지 마십시오.

자기소개는 부연설명을 할 시간이 없습니다. 식당에서 만난 팀원이 자기소개를 "사실은 군대를 가기 전에는 열심히 했었는데요, 다녀오고 나서 영어를 하려니까…"라고 성적이 낮은 이유를 이해시키려 했다면 팀원들은 무슨 생각을 했을까요? '아, 그랬구나.'라는 공감보다는 큰 의미를 두지 않았을 확률이 큽니다. 첫 정식 모임자리였고, 공부를 하는 시간이었기 때문에 그런 이야기는 불필요합니다. 만약에 뒤풀이 자리에서 그런 이야기를 했다면, 공감을 해 주었을 겁니다. 면접을 할 때 이렇게 부연설명을 하는 분이 많습니다. 이해시키는 자리가 아니라 설득시키는 자리라는 것을 잊지 마십시오.

마지막으로 목적이 뚜렷해야 합니다. 팀원들이 봤을 때 ○○○점을 받은 팀원의 현재 관심사는 무엇으로 보입니까? 졸업을 위해 간절하게 성적향상을 하고 싶다는 생각이 있음을 팀원들은 간파했을 겁니다. 한눈팔지 않고 스터디에 매진하겠다는 열정을 보이는 이 사람의 자기소개는 스터디 특성에 맞춤이라고 볼 수 있습니다. 뚜렷한 목적이 결론에서 나올 수 있도록 하십시오.

내비게이션 안내에 따라 초행길 운전을 하고 있는데, 직진을 해야 하는 길에서 우회전을 하게 되면 내비게이션이 뭐라고 말을 할까요?

"경로를 이탈하셨습니다. 100m앞에서 유턴하세요."

라며 길을 새롭게 안내하겠지요. 이탈을 해서 잠시 다른 길로 가더라도 늦지 않게 목적지에 다다르게 합니다. 반대로 운전 실력만 믿고 내비게이션 없이 출발하다가 직진을 해야 하는 길에서 우회전을 하게 되면 어떨까요? 길을 잘못 들어 헤매다가 예상 도착시간을 훌쩍 넘게 될 수도 있습니다. 이렇게 실수를 미연에 방지하기 위해서 사용하는 내비게이션은 목적지 설정이 되어야 안내를 시작합니다. 정확하고 구체적인 주소가 들어가야 합니다. 자기소개 역시 마찬가지입니다. 자기소개를 통해서 면접관에게 전달하고자 하는 목적지(교집합 중에서 선택)를 우선 설정해야 합니다. 목적지 설정(교집합 중에서 특히 부각시키고 싶은 것 결정하기)을 통해 길을 헤매는 일(단순 시간나열식, 만능인 설정 등)이 없도록 하십시오. 그렇게 했을 때, 면접장에 경쟁자가 10명이 함께 들어가도 '나'라는 사람이 면접관 기억에 남을 수 있습니다.

2. 직장이란 어떤 곳이라 생각합니까?

답변하는데 힘들지 않으셨어요?

'사회생활에 대한 마음가짐을 물어보는 질문이네. 쉽다.'라고 생각하고 시작했지만, 막상 답변을 해보니 어렵다고 느끼지 않으셨나요? '2단계 **8주** 2. 입사 후 걱정되거나 어려움이 예상 되는 것이 있습니까?'라는 질문에서는 구체적으로 물어봤기 때문에 상대적으로 쉬운 반면에 이번 질문은 포괄적으로 질문을 하고 있는데요.

로또에 당첨이 되면 무엇을 하겠느냐?

인생에서 가장 중요한 것이 무엇이냐?

지원자를 나무로 봤을 때, 뿌리가 튼튼한지 확인하는 것입니다. 직무에 대해서 빠삭하게 알아도 직장 생활에 잘 적응하지 못한다면 오래 다닐 수 없겠지요. 개인주의 성향이 강한 지원자가 단합이 중요한 부서에 합격하기는 어렵습니다.

평소 알고 지내던 사람과 한국말로 대화를 하는데, 대화가 안 통하는 느낌을 받을 때가 있습니다. 문화 차이, 가치관 차이 등 이유는 여러 가지가 있겠지요. 그럴 때는 "나랑 안 맞아."라고 생각하면서 싸움이 되기 전에 대화를 중단하기도 합니다. 면접관에게 "우리 회사랑 안 맞아."라는 생각이 들지 않도록 답변하시면 됩니다. 포괄적 질문이어도 답변 방식은 같습니다.

서론 : 직장은 (　)곳이라고 생각한다.
본론 : 1,2,3단계를 통해서 학습한 내용 중심으로 설득
결론 : '직장인이 될 생각을 하니까 기대된다.'거나 '준비 된 직장인' 등 강조하고 싶은 내용

차별화된 답변을 서론에서 찾으려고 하면 어려울 수 있습니다. 본론에서 나만의 답변이 되도록 하시면 쉽게 접근하실 수 있습니다.

3. 나 (면접관)한테 500ml 탄산수를 팔아보세요.
(귀사가 지원하는 회사의 상품이 있다면 그것을 팔아보세요.
예 : 식료품, 카드, 보험, 전자제품 등)

영업력이 필요한 부서에서 질문하던 유형이었지만, 요즘은 직무와 상관없이 보편화된 질문입니다. 마케팅과 영업력뿐만 아니라 커뮤니케이션과 상황 판단 능력, 분석력 등도 평가할 수 있는 질문 유형이기 때

문입니다.

1장 면접이란 무엇인가에 대해서 학습할 때 일일 쇼호스트가 되어 고등어를 판매했던 것 기억하시나요? 탄산수의 장점을 모두 나열하는 것이 아니라, 면접관의 상황을 판단해서 그 사람이 필요할 만한 장점만 골라서 집중적으로 강조하시면 됩니다.

4. 과장님이 00 씨(지원자)에게 일을 시켰습니다. 야근을 해야 끝낼 수 있는 일입니다. 그런데 오늘 저녁 7시에 중요한 가족 모임이 있습니다. 어떻게 하시겠습니까?

2번. 직장에 대한 생각과 3번. 상황 판단 능력, 분석력 등을 함께 확인할 수 있는데요.

상황을 질문할 때는 최대한 큰 그림을 잊지 않도록 하셔야 합니다. 개인적인 일 보다 회사 일을 항상 우선시한다는 내용으로 접근할 수도 있지만, 가족 모임은 선약에 해당되기도 합니다. 먼저 약속한 부분이기 때문에 대안도 없이 무작정 취소를 하면, 신뢰가 떨어 질 수 있습니다. 최선의 방법을 결정하셨겠지만, 그 최선이라는 것이 누구에게도 상처가 되지 않도록 노력한 결과인지 확인해 주세요.

2단계 – 8주 5번 질문처럼 선택할 수 있는 내용을 적는 방법이 연습할 때 좋습니다. 같은 유형의 질문을 반복적으로 연습함으로써 실제 면접에서는 적지 않아도 말을 할 때 구분이 되어 논리적으로 답변하는 것이 목표입니다.

예를 들어,

1. 그 일을 몇 시까지 끝내야 하는지 정확히 파악한다. 오늘 밤까지 vs 출근 시간 전까지

2-1. 오늘 밤까지라면 가족 모임에 잠시 참석해서 상황을 설명 드리

고, 양해를 구한 다음에 회사로 돌아와 일을 처리한다.

2-2. 내일 출근 시간 전까지 끝내야 한다면, 과장님께 상황을 말씀 드리고, 허락을 받은 다음에 가족 모임에 참석한다. 그리고 모임이 끝난 후 회사로 돌아와 밤을 새서 일은 완벽하게 끝낸다.

5. 마지막으로 하고 싶은 말 있으면 하세요.

마지막으로 하고 싶은 말이 있나요?

마지막으로 질문하고 싶은 것 있나요?

– 마지막으로 하고 싶은 말이 있나요?

교집합 중에서 강조했어야 하는데 못해서 아쉬운 부분을 말하시면 됩니다. 이때는 [서론–본론–결론]은 무시하셔도 좋습니다. 20초 내외로 대답하시면 되겠습니다.

– 마지막으로 질문하고 싶은 것 있나요?

'당신이 나에게 무엇을 해 줄 수 있느냐?'는 질문은 좋지 않습니다.

예	"연봉이 얼마인가요?" (×) "합격하면 지방에서 근무하게 되나요?" (×) "합격자는 언제 발표가 되나요?" (×)

연봉을 받고, 근무지 발령을 받고, 합격자 발표를 받습니다.

이렇게 받는 것을 질문하지 마시고,

'내가 회사에게 무엇을 해 줄 수 있겠습니까?'라는 질문으로 해 주십시오.

예	"입사 전까지 OO기술 외에 어떤 것을 더 배워두면 좋겠습니까?"

이것으로 1단계, 2단계, 3단계를 모두 마치겠습니다.

이미지&목소리 :
보조수단이 아닌 필수조건!

7장 면접 이미지

8장 면접 목소리

9장 최종 점검

10장 실전까지 연습 방법 : 매일 30분

interview

7장 면접 이미지

1단계 – 4주 잘 끝내고 오셨나요?

1단계 – 4주

2단계 – 8주

3단계 – 12주

1, 2, 3단계에 걸쳐 면접답변 실력을 향상하듯이 면접이미지도 각 단계에 소화할 수 있는 이미지로 정리하였습니다. 그럼, 4주차 맞춤 면접 이미지부터 시작할까요?

– 면접 이미지 4주 –

4주 1. 면접이미지가 왜 필요한가?

面接(면접) : 낯 (면), 이을 (접)

얼굴을 접하는 것을 면접이라고 하죠.

뜬금없는 질문 한 가지 하겠습니다.
소개팅해 본 적 있으신가요?

그때를 떠올려보거나 경험이 없으신 분은 상상해 보세요.
소개팅 자리에 상대방보다 내가 먼저 약속장소에 도착해서 앉아 있다고 가정하고, 멀리서 내 쪽으로 걸어오는 이성이 보입니다.

여기서 질문입니다.
"걸어오는 사람의 어디를 보고 계십니까?"

대학교에서 학생들에게 질문하면 손목, 얼굴, 옷맵시, 비율, 마음 등 다양한 대답이 나옵니다. 그 밖에도 "그냥, 전체적인 느낌이요."처럼 뭉뚱그려 답하기도 합니다.

평소 이성을 볼 때, "꼭 키는 커야 해."라고 생각한 분은 소개팅 자리에서 키를 가장 먼저 볼 것입니다. 주선자에게 키를 확인한 후에 나왔을지도 모릅니다. 여하튼 키를 확인하는 것은 1초면 충분합니다. 1초 동안 키에 대한 평가가 끝나고 나면, 그 뒤로는 보통 전체적인 생김새, 이미지, 목소리, 성격, 말하는 내용 등을 토대로 이성 친구로 발전가능성이 있는지 끊임없이 생각하면서 대화하게 되죠.

이렇게, 소개팅으로 처음 만나서 차를 마시는 짧은 시간에 상대방을 파악하기 위해서 우리는 청각뿐만 아니라 시각도 중요한 역할을 하게 됩니다. 상대방이 마음에 든다면 경청해서 들어주고, 내가 말을 할 때는 단어선택도 신중하게 해서 이미지를 좋게 하려고 노력합니다. 상대방의 의상이나 액세서리로 대략적인 성격을 유추하기도 합니다. 우리는 그것을 잘 알기 때문에, 소개팅하는 날은 옷을 신경쓰게 되죠.

면접도 소개팅처럼 얼굴을 접하는 자리입니다.

회사마다 원하는 인재상은 다릅니다. 같은 회사라도 작년과 올해가 다르고, 부서마다 다르고, 면접관마다 차이가 있을 수 있습니다. 손목, 얼굴, 옷맵시, 비율, 마음 등이 여기에 해당되는데요. 이것을 일일이 신경쓸 필요가 없습니다. 아니, 신경을 쓰고 싶어도 각기 다른 면접관의 마음을 우리는 다 알 수 없기 때문에 어렵습니다. 하지만, 지원하려는 회사에 다니는 분과 대화를 할 수 있는 기회가 있다면, 그것은 적극적으로 권하고 싶습니다. 그 분은 면접에 관해서는 알 수 없겠지만 그 회사의 직원이기 때문에 분위기나 올해의 관심사항 등은 지원자보다 훨씬 많이 알고 계십니다. 그러한 대화는 이미지를 잡는 데도 큰 도움이 될 것입니다.

배우가 00배역을 맡게 되면, 지인을 통해서 00일을 하는 사람을 직접 만나서 며칠, 몇 달 동안 직업 체험을 하는 모습을 연예프로그램이나 기사 등을 통해 본 적이 있을 겁니다. 배우는 대본만 보면서 연기 연습하면 될 것 같지만, 실제 그 직업을 가진 사람을 완성도 높게 연기하기 위한 노력인 것이죠. 우리도 마찬가지입니다. 1, 2단계 학습처럼 각종 자료를 통해서 회사와 직무를 파악하고 나만의 대답으로 만드는 것으로도 훌륭합니다만, 지원하려는 회사 직원과 대화를 할 수 있다면 완성도를 높일 수 있을 것입니다. 같은 의미로 그 회사가 아니라도 직장인 지인들과 대화를 나누는 것도 좋습니다. 직장인이 말하는 회사생활, 직장인의 마음가짐 등을 들으면서 준비된 직장인의 이미지를 갖추어

주십시오.

면접이미지는 '무조건 깔끔하고 단정하면 된다.'에서 끝나는 것이 아닙니다. 눈빛을 교환하게 될 면접관이 이질감을 느끼지 않도록 해야 합니다. 그러기 위해서 앞으로 3번에 걸쳐서 면접이미지를 학습하게 됩니다.

4주 2. 면접관의 시선으로 나를 평가하라

1단계 – 4주를 녹음하고 개선점을 찾으셨죠?

이번에는 녹화를 하겠습니다.

녹화 화면은 머리부터 발끝까지 나오도록 잡아줍니다.

1단계 – 4주의 5개 질문 중에서 2개를 고르세요.

질문 2개를 아래의 순서로 연습하겠습니다.

녹화를 할 때는 면접 의상을 입고 실전처럼 하는 것이 가장 좋습니다. 완벽하게 의상을 갖추어 입지 못하더라도 재킷만 입는 것도 화면을 보고 평가를 할 때 도움이 됩니다. 상황이 여의치 않는다면, 면접용으로 설정한 의상을 기준으로 아래의 질문에 답을 하십시오.

1) 집중해서 연습 – 답변 내용 점검을 통해 완성도를 높인다.
2) 거울보고 연습 – 녹화에 앞서서 표정, 자세 등을 확인하면서 답변한다.
3) 녹화해서 보기 – 실제 면접처럼 답변한다.

1)번은 내용 점검, 2)번은 리허설처럼 내용과 이미지 최종 점검, 3)번은 녹화로 진행하시면 됩니다.

2개 질문을 선택 후 아래에 적어주세요. → 1), 2), 3)을 순서대로 진행한 후 해당 번호에 동그라미로 표시하세요.

질문 1 : ______________________________ 1) 2) 3)

질문 2 : ______________________________ 1) 2) 3)

녹화는 7장 학습하는 날 (1단계 – 4주, 2단계 – 8주, 3단계 – 12주)만 하시고, 10장부터는 매일 연습하십시오. 3개월 동안은 7장 학습에서만 하시면 됩니다. 녹화 횟수가 적기 때문에 더욱 집중해서 분석하고 개선할 부분을 찾아주세요.

4주 동안 나의 목소리에 적응했는데, 이제는 영상까지 찍으라고 해서 귀찮을 수도 있습니다. 하지만 녹화는 꼭 필요합니다. 영상을 보면 왜 그런지 바로 알 수 있습니다. 평소 내가 몰랐던 모습들이 영상에 보입니다. 우리는 그중에서 면접에 부적합한 모습을 1가지씩 개선하도록 하겠습니다.

녹화한 영상을 3번 연속해서 보면서 아래의 질문에 답하세요.

〈의상〉	현재 상태 기록
액세서리가 과하지 않습니까?	
머리가 단정합니까?	
재킷 단추를 채웠습니까?	
구두는 깨끗합니까?	

시계는 착용했습니까?

손톱은 잘 정리되어 있습니까?

〈태도〉

허리를 곧게 펴고 바른 자세로 앉았습니까?

인상을 찌푸리거나 무표정인가요?

불필요한 손동작이 있지 않나요?

손가락, 다리를 떨지 않나요?

얼굴이 한쪽으로 기울어지지 않고 바른가요?

눈 깜빡임이 잦거나 눈썹을 올리는 등 답변을 듣는데, 시선을 분산시킬 만한 행동이 있나요?

〈목소리〉

목소리에 자신감이 느껴집니까?

발음이 정확하게 들립니까?

'쩝', '어', 한숨 등의 불필요한 언어 습관이 있습니까?

말의 속도가 적당합니까?

〈내용〉

구성이 잘 갖추어져 있습니까?

말하고자 하는 요지가 있습니까?

동의어 반복이 심한가요?

전체적 흐름이 논리적입니까?

차별성이 있는 답변이라고 생각하십니까?

면접관의 입장에서 총평

개선 사항 1가지

주의하실 점은 〈1가지〉라는 것입니다.

한 번 녹화할 때 개선점을 몇 개 찾는다고 말씀드렸죠? 네, 맞습니다. 1가지입니다.

욕심을 내서 2가지를 개선점으로 잡지 마십시오. 총평에서는 앞으로 개선이 필요한 내용을 상세하고 냉철하게 모두 적어주십시오. 하지만, 우리가 우선적으로 개선할 것은 1가지만 고르시면 됩니다. 1가지만 신경 쓰면서 답변하려고 해도 말이 꼬일 수 있습니다. 1단계 – 4주 에서 3번의 연습을 한 후에 녹음을 하고, 그렇게 연습을 끝낸 부분으로 녹화를 했음에도 내용이 매끄럽지 못하다고 느끼시는 분이 많을 겁니다. 녹화되는 표정과 자세가 걱정되신 분도 있고, 녹화를 하는 것 자체가 부담스러운 분도 있으셨을 겁니다. 실제 면접에서는 카메라가 아니라 면접관이 앉아 계시고, 내 방처럼 익숙한 장소가 아니라 회사 안에서 이루어지는 등의 사항들이 답변을 하는데 영향을 주게 될 것입니다. 이렇게 다양한 변수들로 인하여 정도의 차이가 있을 뿐 누구나가 연습할 때보다 떨리는 곳이 면접장입니다. 「1) 집중해서 연습 – 2) 거울보고 연습– 3) 녹화해서 보기」 단계를 지켜서 연습함으로써 어떤 변수에도 안정적으로 답변할 수 있도록 합시다.

이미지 개선은 평상시에도 신경을 써야 하는 부분도 있습니다. 예를 들어, 다리를 떨거나 어깨를 구부정하게 앉는다면 이제는 도서관이나 식당에서도 자세를 바르게 하려고 노력하셔야 합니다. '면접 볼 때는 바르게 앉을 자신 있으니까 그때 조심하면 되겠지.'라고 생각하면 안 됩니다. 우리가 도서관에 갈 때 옷을 편하게 입습니다. 몸이 편해야 집중도 잘 되기 때문인데요. 그럼 반대로 몸이 불편하면 집중도는 떨어지겠지요. 면접은 장소가 주는 압박감도 큽니다. 그 장소에서 자세가 평소보다 불편하다고 느끼면 긴장감은 더 높아집니다. 고등학교 때 모의 수능을 여러 차례 봤었죠? 실제 수능시험시간과 똑같이 진행을 합니다. 수능 전날도 특별한 음식을 먹기 보다는 평소에 먹던 음식으로만 먹습니다. 갑자기 몸이 아프면 안 되기 때문이었죠. 평소 습관이나 몸의 상태는 면접에 있어서 상당히 중요합니다. 면접 당일에 갑자기 평소에 안하던 바른 자세를 했을 때, 몸이 편하다고 느끼기는 어렵습니다. 답변을 하는데 조금이라도 영향을 받을 것 같은 부분은 1개씩 개선 사항으로 정해서 연습바랍니다.

4주 3. 미소도 3개월이면 개선된다

'밝은 표정과 미소는 서비스 관련 직무만 필요한 것이 아니다.'라는 점은 모두 동의하실 겁니다. 면접을 볼 때 긴장은 되지만 미소를 머금고 입실해야 합니다. 질문을 받을 때도 표정은 밝아야 하는데요. 녹화 영상 속 나는 미소를 머금고 있나요? 많은 분들이 영상을 보고 자신의 표정에 당황합니다. '면접관 말씀에 경청하면서 진지한 표정을 지었다고 생각했는데 실제로 보니까 인상 쓰고 있네요.', '분명 미소를 지었는데, 무표정이네요.' 등 본인이 생각하는 것과 실제 표정이 다르다는 것을 영상을 보고서야 알게 됩니다. 그래서 표정은 꼭 녹화를 통해서 직접 보셔야 합니다.

녹화된 영상을 보면서 긍정적이고 자신감 있어 보이는지, 오들오들 떨고 경직된 얼굴이 보이는지, 기분이 안 좋은 사람처럼 무표정인지 제3자 입장에서 판단하세요.

녹화의 중요성을 통해서 시각적인 것이 얼마나 중요한지 알 수 있는데요. 그래서 미소 연습 전에 먼저 할 것이 있습니다. 닮고 싶은 미소를 가진 사람의 사진을 내 방 거울에 부착해 주십시오. 그런데 가능하면 여자는 여자 사진, 남자는 남자 사진으로 하면 좋습니다. 내 미소보다 좀 더 밝고, 자연스럽게 웃는 사진으로 찾아주세요. 스마트폰 배경화면으로도 설정한다면 자주 볼 수 있어서 효과적이겠지요.

미소 연습은 자투리 시간을 활용할 겁니다. 예를 들면, 화장실 3분, 도서관 3분, 대중교통 3분입니다. 보통 화장실에서 3분 이상 머무르는 건 대변을 보거나 목욕할 때인데요. 그 때를 활용해서 1회. 도서관에서 공부하다가 2번은 쉬는 시간이 필요하잖아요. 그때 2회. 버스나 지하철로 오고 가는 것을 계산하면 2회. 이렇게 자투리 시간을 이용해서 5회 이상 연습할 수 있습니다. 그 외에도 기상 후, 취침 전, TV 시청 중 등 언제든지 좋습니다. 다만, 3분 연습을 몰아서 한번에 15분을 하는 것 보다는 아침부터 저녁 사이에 틈틈이 하셔야 한다는 점을 기억하셔서 시간을 배분하시면 됩니다.

최소 하루에 3분씩 5회를 권장하는데요. 3분은 아래와 같이 사용합니다.

1. 얼굴 근육 풀어주기 1분

'아, 에, 이, 오, 우' 입을 크게 발음한다. 입술보다 입술 주변 근육을 움직인다는 느낌으로 30초 동안 반복한다.

입술을 모아서 '우' 발음하듯이 내밀고, 그 상태로 시계방향으로 돌렸다가 시계반대방향으로 돌리는 것은 30초 동안 반복한다.

2. 입술을 모으고 미소 짓고 1분유지 ※눈 힘 주기

3. 치아가 보이게 미소 짓고 1분유지 ※눈 힘 주기

좋아하는 물건을 구경하는 사람의 눈 vs 멍때리는 사람의 눈

어떤 눈빛을 가진 사람에게 일을 시키고 싶으시겠습니까? 신입사원답게 빠릿빠릿한 모습이라고 한다면 왼쪽 눈을 가진 사람이 더 적합할 것입니다. 우리가 필요한 면접이미지가 바로 힘 있는 눈과 밝은 미소입니다.

그렇다면 우리도 미소 연습과 함께 힘 있는 눈을 가져야 할 텐데요. 연습으로 가능합니다. 바로 눈에 힘을 주는 연습입니다. 힘을 준다고 하여 미간까지 찡그리지 않도록 주의바랍니다. 말 그대로 눈에만 힘을 주세요.

눈에 힘주는 연습 못지않게 1분 동안 미소를 유지하는 것도 쉽지 않습니다. 얼굴 근육이 떨리는 증상도 있고 간혹 침이 흐르기도 합니다. 그만큼 평소에 미소를 짓는데 필요한 근육을 사용하지 않은 것입니다. 헬스장에서 근육을 만드는 사람들도 처음에는 운동을 해도 근육량은 변화가 없고, 몸만 피곤한 것 같지만 몸은 절대 거짓말을 안 합니다. 미

소 연습도 노력한 만큼 결과가 있습니다.

승무원을 양성하는 곳에서 강의를 했던 적이 있습니다. 승무원이라는 단어를 들으면 미소가 떠오를 정도로 미소가 중요한 직업이죠. 그냥 미소가 아니라 고객에게 편안함을 주는 아름다운 미소가 습관화가 되도록 맹연습하는 모습을 보면서 느낀 점은 하나 있습니다. '미소도 연습하면 되는구나.'입니다. 그때 그 친구들이 공통적으로 했던 말이 있는데요. 그건 저도 경험한 부분입니다. 제가 헬스장을 다닐 때였습니다. 3년 전쯤 근육량을 늘리기 위해서 헬스장을 다녔습니다. 그런데 2개월이 넘도록 근육량은 그대로였고, 오히려 체중은 늘었습니다. 트레이너는 '조금만 더 다녀보세요.'라고 항상 같은 말씀만 했습니다. 변화가 없다보니 재미도 없어서 '이번 달까지만 다녀야겠다.'라고 생각했습니다. 그때가 운동을 시작한지 3개월이 거의 다 되었을 때인데요. 놀라운 일이 생겼습니다. 매일 똑같이 하던 어깨 운동인데, 등쪽 근육이 어제와는 확연하게 다른 힘이 느껴지면서도 자세가 바르게 잡히는 겁니다. 평소에는 올바른 자세가 되도록 3세트 내내 신경 쓰면서 했다면, 그날은 자동으로 되는 듯 했습니다. 드디어 근육이 반응을 보이기 시작한 것입니다. 이렇게 자세를 바로 만드는 데만 3개월이 걸렸는데, 트레이너나 운동선수처럼 몸을 만드는 분들은 얼마나 노력했을지 다시 보게 됐습니다. 아무튼, 승무원이 되기 위해 미소를 연습한 친구들과 제가 동일하게 느낀 것은

'지쳐갈 때쯤 어느 날 갑자기'

였습니다. 면접 1,2,3단계는 그나마 단계별로 향상되는 것이 보이는

데, 근육을 사용하는 것은 눈에 크게 띄지 않더라는 것이죠.

미소도 근육이 움직여서 만들어지는 표정이기 때문에, 평소 사용을 안 한 만큼 운동이 필요합니다. 미소 근육은 면접 끝나면 버리는 것이 아니라 평생 필요한 것이니까요. 다소 힘들어도 꾸준한 관심과 연습바랍니다.

7장: 4주 차 진도는 여기서 마치겠습니다. 고생하셨습니다.

7장: 8주 차 진도는 다음 달에 진행하시면 됩니다.

– 면접 이미지 8주 –

8주 1. 면접이미지에서 감점받을 수는 없지.

2단계 8주를 녹음하면서 연습하셨죠?

그럼, 거울 보고 연습 후 녹화하도록 하겠습니다.

녹화는 머리부터 발끝까지 나오도록 화면을 잡아줍니다.

2단계 8주 5개 질문 중에서 2개를 답변하시면 됩니다.

1) 집중해서 연습 – 녹음을 통해 답변의 완성도를 높인다.

2) 거울보고 연습 – 녹화에 앞서서 표정, 자세 등을 확인하면서 답변한다.

3) 녹화해서 보기 – 실제 면접처럼 답변한다.

2개 질문을 선택 후 아래에 적어주세요. → 1), 2), 3)을 순서대로 진행한 후 해당 번호에 동그라미로 표시하세요.

질문 1 : .... 1) 2) 3)

질문 2 : .... 1) 2) 3)

〈오늘 녹화 영상을 3회 연속해서 보면서 지난주 개선 사항 확인 및 체크리스트 작성〉

지난 시간 개선하기로 했던 내용은 무엇이었습니까?

개선이 잘 되었다면 앞으로 어떻게 유지시킬 것인지
개선이 안 되었다면 원인이 무엇인지 분석하세요.

체크리스트

〈의상〉 현재 상태 기록

지난주와 의상 변화가 있습니까?

(변화가 없다면 그 이유가 의상 준비가 잘 되었다고 판단해서인지 관심이 없는 것은 아닌지 확인바랍니다.)

머리가 단정합니까?

재킷 단추를 채웠습니까?

구두는 깨끗합니까?

시계는 착용했습니까?

손톱은 잘 정리되어 있습니까?

〈태도〉

허리를 곧게 펴고 바른 자세로 앉았습니까?

인상을 찌푸리거나 무표정인가요?

불필요한 손동작이 있지 않나요?

손가락, 다리를 떨지 않나요?

얼굴이 한쪽으로 기울어지지 않고 바른가요?

눈 깜빡임이 잦거나 눈썹을 올리는 등 답변을 듣는데, 시선을 분산시킬 만한 행동이 있나요?

〈목소리〉

목소리에 자신감이 느껴집니까?

발음이 정확하게 들립니까?

'쩝', '어', 한숨 등의 불필요한 언어 습관이 있습니까?

말의 속도가 적당합니까?

〈내용〉

구성이 잘 갖추어져 있습니까?

말하고자 하는 요지가 있습니까?

동의어 반복이 심한가요?

전체적 흐름이 논리적입니까?

차별성이 있는 답변이라고 생각하십니까?

면접관의 입장에서 총평

이번 주 : 개선 사항 1가지 –지난주 개선 사항이 변화가 없다면 같은 것으로 하십시오.

8주 **2. 완전 무장을 못하는 군인이 상상이 가나요?**

면접장은 전쟁터라고 할 수 있겠지요. 경쟁자들 사이에서 살아남아야 하니까요. 군인들이 훈련을 앞두고 완전 무장을 하는 것처럼 우리에게 완전 무장은 '면접 의상'입니다. 군인이 언제든지 완전 무장이 가능하도록 항상 준비되어 있듯이 취업 준비생은 언제든지 회사로 면접 보러 갈 수 있도록 의상이 준비되어 있어야 합니다.

면접 일정이 1차 → 2차 → 최종 면접 → 건강 검진까지 모집 공고에 상세하게 안내되는 곳도 있지만, '추후 안내'라고 표기된 곳도 많습니다. 서류 발표를 하면서 1차 면접이 1주일 이내에 진행되기도 합니다. 그렇게 1주일을 남겨두고 의상준비를 하는 것은 실수할 우려가 많습니다. 면접 경험이 여러 차례 있다면 그나마 입어보았던 의상이 있어서 괜찮겠지만, 면접 경험이 적을수록 의상은 미리 준비하시기 바랍니다. 또한, 면접답변 준비만 집중해야 할 시기에 의상 준비로 시간을 뺏기는 것 자체만으로도 좋지 않습니다.

의상은 미리 준비하시라고 말씀을 드리면, "저는 의상대여 할 건데요. 그래도 미리 빌려두어야 하나요?"라고 질문을 하시는데요. 대여 시간에 따라 비용이 올라가는 만큼 오랜 시간 빌려두는 것은 불가능하겠지요. 하지만, 미리 확인하셔야 합니다. 대여 장소를 물색해서 어느 정도 옷을 보유하고 있는지, 면접 날짜에 대여할 수 있는지, 블라우스나 넥타이처럼 의상과 액세서리가 어디까지 대여가 되는 것인지 꼼꼼하게 확인하십시오. 간혹 인터넷이나 전화로만 알아보기도 하는데요. 적어도 1번은 직접 방문하시기 바랍니다.

면접은 기본적으로 회사에서 제시하는 사항을 준수하셔야 합니다.

옷, 헤어, 신발, 액세서리 등 모든 면에서 그렇습니다. 의상은 비즈니스 캐주얼로 안내가 되었는데, 의상 대여한 곳에서 기본 정장을 미리 빌렸다고 해서 '이것도 괜찮겠지.'라는 안이한 생각은 안 됩니다. 회사는 하나의 조직입니다. 안내 사항을 못 읽었든지, 무시했든지 상관없습니다. 결과적으로 지시사항을 안 지킨 것이니까요. 그 책임은 본인에게 있습니다.

깔끔한 정장 못지않게 비즈니스 캐주얼을 제시하는 기업도 많습니다. 지원자들이 본인의 개성을 표현할 수 있도록 한 것인데요. 정장보다 어렵게 생각하는 분들이 많습니다.

○ 주의 사항을 간략하게 말씀드리자면,

비즈니스 캐주얼에서 적합하지 않은 것은
× : 반팔, 반바지, 청바지, 티셔츠, 민소매 블라우스, 발가락이 보이는 구두, 뒤꿈치가 보이는 구두, 과하게 몸에 붙는 하의, 스타킹 없이 맨다리 등

비즈니스 캐주얼의 무난한 면접 의상은
남자: 재킷과 바지는 다른 색으로 입고, 재킷 안에는 셔츠 착용
여자: 재킷과 하의가 다른 색으로 입고, 지나치게 튀지 않는 색깔과 디자인

정장에서 적합하지 않은 것은
남자 × : 비즈니스 캐주얼에서 적합하지 않은 것 모두 해당, 앞이

뾰족한 남자 구두, 화려한 허리 벨트, 액세서리 등

여자 ×: 비즈니스 캐주얼에서 적합하지 않은 것 모두 해당, 재킷 없이 원피스만 착용, 3cm이하 단화, 검정스타킹, 바람에 날리는 A라인 치마 등

면접 정장이라고 하면,

남자: 흰색 셔츠, 넥타이, 양복, 구두, 시계, 얼굴을 가리지 않는 헤어

여자: 투피스, 원피스와 재킷, 살색스타킹, 5~7cm구두, 단정한 헤어

○ 면접 전날에 자주 물어보는 사항 몇 가지를 추가 안내드리면,

1) 액세서리: 남자는 꼭 하셔야 하는 액세서리는 시계뿐입니다. 커프스나 부토니에르, 반지 같은 액세서리는 자제해 주세요. 구두는 반드시 깨끗해야 합니다.

여자는 귀걸이, 목걸이 중에 1개를 고른다면 귀걸이를 추천합니다.

귀에 부착이 되는 차분한 것이 좋습니다.

2) 여성 재킷: 원피스만 입고 면접을 보러가려다가 면접 전날 최종 점검 때 부랴부랴 재킷을 빌리는 경우가 왕왕 있습니다. 그분들이 면접을 보고 저에게 연락해서 "전부 재킷을 입었어요. 혼자만 완전 무장 안 하고 갈 뻔했어요."라고 신기함과 안도감을 말씀하셨는데요. 원피스를 입을 예정이라면, 재킷도 함께 준비하셔야 한다는 점 다시 한 번 말씀드립니다. 투피스는 검정이 무난하고, 재킷 안에 주로 흰색 블라우스를 입으시는데요. 흰색도 여러 가지가 있습니다. 모양도 다양하지만, 흰색이라도 불려도 모두 같은 흰색은 아니기 때문에 의상을 준비할 때 나에

게 맞는 흰색인지 재킷 안에 입어보셔야 합니다. 디자인 면에서도 옷만 봤을 때는 괜찮았는데, 막상 재킷과 입었을 때는 이상할 수 있기 때문에 꼭 미리 입어보십시오.

3) 그 밖의 의상 : 면접은 하루 종일 보는 면접부터 2박 3일 동안 진행하는 면접까지 다양하게 있습니다. 기본적으로 회사에서 준비사항으로 제시한 내용에 충실하게 준비하셔야 합니다. 그밖의 필요물품이 무엇이 있는지 생각하셔서 잘 챙겨주십시오. 예를 들어, 오전에 토론 면접을 하고 늦은 오후에 인성 면접이 있다면, 그 사이에 헤어가 헝클어질 수 있다는 생각을 하시고 준비물을 챙기셔야 합니다. 여자 지원자들은 스타킹 여유분을 2개 이상 챙기셔야 합니다. 필기도구도 볼펜이 갑자기 안 나올 것을 대비해서 여러 개 준비합니다. 평소 친구에게 빌릴 수 있었던 것도 면접장에서는 모두가 경쟁자이고, 그들 역시 대비용이기 때문에 작은 것이라도 빌리는 것이 어려울 수 있습니다. 반입금지 품목이 있는지 여부도 안내사항을 꼼꼼하게 반복해서 확인하시기 바랍니다.

면접 의상을 적어보세요. 집에 있는 옷과 액세서리를 꺼내서 사진을 찍어두면 좋습니다. 면접 전 최종 선택할 때 사진을 보면서 고를 수 있고, 많은 사람들에게 의견을 물어보기도 편리합니다.
괜찮은 의상이 TV에 나오거나 쇼핑을 하다가 봤을 때 바로 적어주세요.

(월 일)

(월 일)

(월 일)

(월 일)

(월 일)

8주 3. PT면접: 이미지로 기선을 제압하라.

PT면접 관련해서 특강이 개설되기도 하고, 스터디도 많이 생겨난 덕분인지 PT면접은 실력차이가 양극화된 모습을 보입니다. 관심만 있다면 연습할 수 있는 기회가 많아졌기 때문인데요. 학기 중에 조별발표를 할 때, 조원이 바뀌거나 주제가 바뀌어도 발표하던 친구가 계속 발표를 담당하는 경향이 있지요. 이렇게 많이 해 본 사람이 아무래도 PT면접에서 고득점을 받기 유리합니다. PT면접이 다른 면접하고 차이점이 있다면 일어나서 해야 한다는 것입니다. 앉아서 강의를 듣는 것에 익숙한 우리에게 혼자 앞에 서서 말을 한다는 것이 얼마나 어색한 일인지 압니다. 더구나, 합격 여부를 판가름하는 면접장이라는 것은 긴장감을 몇 배로 증폭시킬 것입니다. 그렇다고 무작정 발표만 많이 한다고 해서 실력이 느는 것은 아닙니다. 그 경험을 통해서 나에게 맞는 요령을 터득하는 사람들이 PT면접을 잘 보게 됩니다. 특히, 이미지를 잡아주면 면접관이 보기에 안정감이 있어 보이는데 도움이 됩니다. 그 부분을 함께 학습해 보겠습니다.

회사에서 PT면접을 통해서 평가하고 싶은 것이 무엇일까요? 생각나는 대로 적어보세요.

예를 들어, 식품업체 PT면접에서 '브랜드 인지도 향상을 위한 마케팅 전략.'이라는 주제가 정해졌다고 합시다. 물론, 참신하고 현실적인 아이디어가 나온다면 고득점을 받을 것입니다. 그런데 면접관은 알고 있습니다. 지원자들이 만족스러운 아이디어보다는 비슷한 내용으로 발표할 것을 잘 알고 있습니다. 그런데도 PT면접을 실시하는 이유는 그 발표를 통해서 확인할 수 있는 사항들이 더 있기 때문입니다. 인성 면접에서 구두로 물어봐서 확인하기 쉽지 않았던 논리적인 사고방식, 문제에 대처하는 접근법, 정보 분석 능력 등을 알 수 있습니다. 나아가서 입사 후에 일을 줬을 때 어떠한 방식으로 일처리를 할 것인지 예상할 수 있습니다. 지금의 PT모습은 입사 후 업무 보고하는 모습과 흡사하기 때문에 회사에 적합한 인재인지 확인하는데 도움이 됩니다.

PT면접은 '보이는 이미지'와 '들리는 이미지'로 나눌 수 있습니다.
①　　　　　　②

① 우선, 보이는 이미지를 보겠습니다.

보이는 PT 면접 이미지는 '일기예보'에서 찾을 수 있습니다. 기상캐스터는 시청자에게 날씨 전달이 잘 되도록 아래 사항들을 지키는데요. 일기예보를 유심히 관찰하고, '내가 PT면접할 때는 어떻게 하면 PT내용이 돋보일까?' 생각해 보세요.

일기예보

(1) 지도를 가리지 않기 위해서 우측이나 좌측으로 섭니다. 많은 분들이 우리가 보기에 우측으로 섭니다.
(2) 지역별로 안내를 하면서 차별성이 있는 부분은 손으로 지도를 가리켜 강조효과를 보입니다.
(3) 몸의 움직임은 최소화하여 기상캐스터의 말에 집중할 수 있도록 합니다.
(4) 밝은 표정을 유지합니다.
(5) 발음이 정확합니다.
(6) 날씨 예보와 함께 날씨 전문가다운 의견을 말합니다.
(7) 대본을 직접 작성하기 때문에 본인에게 맞는 구성과 내용이 가능합니다.

PT 면접

(1) 입장을 하고 인사를 합니다. 작성한 용지를 칠판에 붙였다면 면접관에게 용지가 잘 보이도록 용지 우측으로 섭니다. 면접관이 바라보는 기준으로 우측입니다.
작성한 용지를 들고 있거나 손에 아무것도 없다면 중간에 서서 하시면 됩니다.

(2) 손동작을 할 때는 손가락을 벌리지 말고 모아주세요. 일기예보를 보면서 따라하시면 쉽게 하실 수 있습니다. 보는 것으로는 변화되지 않습니다. 따라하셔야 합니다.

(3) 무의미한 몸의 움직임이 없도록 합니다. 팔을 계속 움직이거나 짝 다리를 짚고 서지 않도록 주의하십시오.

(4) 미소를 머금은 채 발표한다고 생각하시면 됩니다.

(5) 나의 발음이 부정확하거나 목소리에 자신감이 없는지 녹화 영상을 통해서 냉철하게 판단 후 필요하다면 맹연습을 하셔야 합니다.

(6) 아이디어를 제시하는 것뿐만 아니라 그 아이디어를 생각하게 된 과정, 앞으로의 전망 등 나의 의견이 들어가야 합니다. 자료를 주는 곳도 있는데요. 그 자료를 그대로 사용하기 보다는 나의 평소 생각과 접목시켜 주십시오.

(7) 1, 2단계 연습을 통해서 말하는 연습을 많이 하고 있으시죠? 이제 내가 말하는 습관 등을 파악하면서 면접관에게 어떤 방식으로 이 주제를 접근할 것인지 전략적으로 대본을 만들어야 합니다.

② PT 면접에서 보이는 이미지만큼 중요한 부분이 있습니다. 바로 '들리는 이미지'입니다.

뉴스 앵커들은 프롬프터를 보면서 말을 합니다. 그 덕분에 안정적인 표정과 자세로 내용을 전달할 수 있는데요. 그런데 가끔 속보가 있을 때는 프롬프터 작업을 할 시간이 없기 때문에 A4 용지로 내용을 받게 됩니다. 우리가 앵커가 되어 그 내용을 읽게 된다면 어떨까요? 방금 받은 종이라서 내용을 확인하지 못했기 때문에, 종이에서 눈을 떼지 못하고 읽었을 겁니다. 그런데 앵커들은 어떻습니까? 종이를 보면서 읽는 것 같으면서도 카메라도 안정적으로 봅니다. 똑같이 처음 받은 종이이기 때문에 암기력의 차이는 아닙니다. 그렇다면 이들은 어떻게 안정적으로 보일 수 있을까요?

PT 면접은 발표 준비 시간이 주어집니다. 회사마다 준비 시간은 다르지만, 보통은 내용을 정리하기도 빠듯한 시간이기 때문에 완벽한 암기는 힘듭니다. 그 대신 발표 때 종이를 보면서 발표할 수 있도록 하는 경우가 많습니다. 그런데 지원자 중에서는 메모된 종이를 보면서 안정적으로 발표를 하는 사람이 있는 반면에 메모된 종이만 쳐다보고 읽다가 적지 못한 부분에서는 말을 더듬는 사람도 있습니다.

그렇다면 우리도 앵커처럼 안정적으로 보이는 방법을 연습해서 '들리는 이미지'를 잡아봅시다.

● 발표내용 전체 중에 첫 3문장과 마지막 3문장을 암기하십시오. 인사 후에 발표를 시작하면 '서론'이겠지요. 서론은 압축된 내 생각과 본론에서 어떤 이야기를 할 것인지 안내하는 내용으로 이루어집니다. 압축된 내 '생각'을 말하는데 적혀있는 종이를 보면서 말을 하게 된다면 발표 내용에 대한 확신이 없어 보일 수 있습니다. 마지막 3문장도 마찬가지입니다. 지금까지 발표한 내용에 대해 다시 한 번 강조하는 내용으로 이루어지기 때문에 암기를 해서 면접관과 눈빛 대화를 하면서 발표를 마무리 하십시오.

● 종이, 화이트보드, 파워포인트 등을 활용하거나, 말로만 발표하기도 합니다. 활용할 도구가 있다면 본론의 내용을 보기 좋게 표나 그림으로 나타내면 좋습니다.

본론은 암기를 못했어도 전달하고자 하는 모든 말을 메모한 종이를 보면서 말할 수는 없습니다. 그럴 때, 그 내용이 압축된 표나 그림을 그리고 필요한 숫자를 기록해 둔다면 기상캐스터처럼 자연스럽게 손동작을 하면서 보고 읽으면 됩니다.

● 마지막으로 문장입니다.

'서론 3문장 – 본론 그림이나 표 활용 – 결론 3문장'을 한다고 해도 그 외에 발표해야 하는 내용은 어쩔 수 없이 메모한 종이를 보면서 읽어야 할 경우가 있습니다. 그때는 문장의 끝 부분에서 고개를 들고 말하십시오. 예를 들어, " 그래프에서 보시는 것처럼 …(중간 생략)… 3가지 방안을 가지고 있습니다."라는 문장을 말할 때, 미처 암기하지 못한 문장은 차분하게 보면서 읽습니다. 그러다가 "방안"을 읽으면서 '가지고 있습니다.'를 눈으로만 미리 읽습니다. 그리고 앞을 보면서 "가지고 있습니다."라고 눈빛 대화를 하면서 발표합니다.

" 그래프에서 보시는 것처럼 …(중간 생략)… 3가지 방안을 가지고 있습니다."
(메모를 보면서 읽음) (앞을 보면서 읽음)

앞을 봐야 한다는 부담감으로 "그래프에서 (고개 들었다가 내리고) 보시는 것처럼 (고개 들었다가 내리고)… 3가지 방안을(고개 들었다 내리고) 가지고 있습니다.(고개 들고) "라고 발표하는 분이 많습니다. 이렇게 되면 면접관과 눈빛 대화도 힘들고 안정감도 없어 보입니다. 발표 내용도 자꾸 끊겨서 면접관이 내용 흐름을 이해하는 데 방해가 됩니다.

문장의 끝에만 앞을 보면서 읽어주세요. 면접용 문장이 아니더라도 평소 신문이나 지하철 광고 문구로 연습해 보십시오.

7장: 8주 차 진도는 여기서 마치겠습니다. 고생하셨습니다.

– 면접 이미지 12주 –

12주 1. 몸이 먼저 반응할 때까지

3단계 – 12주를 녹음하면서 연습하셨죠? 7장만 끝내면 드디어 3개월 과정이 끝나네요.

조금만 더 힘내주세요. 그럼, 오늘도 거울보고 연습 후 녹화하도록 하겠습니다.

녹화는 머리부터 발끝까지 나오도록 화면을 잡아줍니다.

오늘로 3번째 녹화입니다. 녹화 영상을 보면서 평가를 할 때 주의하실 점은 '이번에는 부족한데 저번에 제대로 했으니까 통과'와 같은 주관적인 평가입니다. 녹화를 볼 때마다 면접관의 입장에서 '처음 보는 사람을 평가한다는 객관적인 기준'으로 냉철하게 평가해야 합니다. 저번에는 개선되었던 부분이 이번 녹화에서 다시 보였다면 연습이 더 필요하다는 것이므로 개선 사항에 기록하셔야 합니다. 어른을 뵈면 자동적으로 인사를 하는 것처럼, 녹화를 하면 바른 면접이미지가 무의식적으로 나올 수 있도록 해야 합니다. 그렇게 연습했을 때, 실전 면접에서는 내용에만 집중할 수 있습니다.

3단계 – 12주 5개 질문 중에서 2개를 답하시면 됩니다.

2개 질문을 선택 후 아래에 적어주세요. → 1),2),3)을 순서대로 진행한 후 해당 번호에 동그라미로 표시하세요.

질문 1 : .... 1) 2) 3)

질문 2 : .... 1) 2) 3)

1) 집중해서 연습 – 녹음을 통해 답변의 완성도를 높인다.
2) 거울보고 연습 – 녹화에 앞서서 표정, 자세 등을 확인한다.
3) 녹화해서 보기 – 실제 면접처럼 답변한다.

〈오늘 녹화한 영상을 보면서, 개선을 위해 노력한 부분을 평가하세요.〉

지난 시간 개선하기로 했던 내용들은 무엇이었습니까? 모두 적어주세요.

4주 차 :

8주 차 :

기 타 :

개선이 잘 되었다면 앞으로 어떻게 유지시킬 것인지 개선이 안 되었다면 원인이 무엇인지 분석하세요.

체크리스트

〈의상〉	현재 상태 기록
지난주와 의상 변화가 있습니까?	
머리가 단정합니까?	
재킷 단추를 채웠습니까?	
구두는 깨끗합니까?	
시계는 착용했습니까?	
손톱은 잘 정리되어 있습니까?	

〈태도〉

허리를 곧게 펴고 바른 자세로 앉았습니까? ___________

인상을 찌푸리거나 무표정인가요? ___________

불필요한 손동작이 있지 않나요? ___________

손가락, 다리를 떨지 않나요? ___________

얼굴이 한쪽으로 기울어지지 않고 바른가요? ___________

눈 깜빡임이 잦거나 눈썹을 올리는 등 답변을 듣는데,

시선을 분산시킬 만한 행동이 있나요? ___________

〈목소리〉

목소리에 자신감이 느껴집니까? ___________

발음이 정확하게 들립니까? ___________

'쩝', '어', 한숨 등의 불필요한 언어 습관이 있습니까? ___________

말의 속도가 적당합니까? ___________

〈내용〉

구성이 잘 갖추어져 있습니까? ___________

말하고자 하는 요지가 있습니까? ___________

동의어 반복이 심한가요? ___________

전체적 흐름이 논리적입니까? ___________

차별성이 있는 답변이라고 생각하십니까? ___________

면접관의 입장에서 총평

개선 사항 1가지

오늘의 개선사항을 포함해서 지금까지 노력했던 개선사항들은 반드시 성공해서 10장 연습할 때 만족스러운 답변이 될 수 있도록 신경써주세요.

12주 2. 인사성이 바르다고 욕먹는 사람 봤나요?

면접 당일 회사가 있는 건물에 들어서면서부터 면접이 시작된다는 생각으로 행동해야 합니다. 불필요한 통화를 하거나, 엘리베이터 예절을 안 지키거나, 화장실이나 대기실에서 다른 지원자들과 큰소리로 이야기를 하는 등의 모습을 보이지 않도록 합니다. 대기실에 마련된 음료를 마셨을 때 사용한 종이컵은 쓰레기통에 버려야 합니다. 유치원생에게 알려주어야 하는 내용인데도 불구하고, 여러 상황에 따라 버리는 것을 미루다가 치우지 못하기도 합니다. 자리에서 일어나기 어려운 상황이라면 종이컵을 가방에 넣으십시오. 쓰레기를 앉았던 자리에 두고 나오는 일은 없도록 합니다.

예절이라고 하면 인사예절을 빼놓을 수 없습니다. 특히, 지원자의 인사자세를 보면 2분류로 나뉩니다. 하나는 학생다운 인사이고, 다른 하나는 직장인다운 인사입니다. 어느 쪽 인사를 하시겠습니까? 준비 된 신입사원이라고 말을 하면서, 인사는 어린 학생처럼 한다면 곤란하겠죠? 그래서 우리는 인사를 제대로 배워볼까 합니다.

보통, 면접 대기실에는 진행을 도와주는 직원이 있고, 입실과 퇴실 때 인사를 어떻게 하면 되는지 알려주는 곳이 많습니다. 지원자가 혼자 들어가는지 여럿이 들어가는지에 따라 상황에 맞추어 진행자가 안내합니다. 그럼 그 지시를 지켜주는 것이 1순위입니다. 만약에 안내가 특별하게 없거나, 안내사항 이외의 부분에서는 평소 연습한 바른 모습을 보여주는 것이 2순위입니다.

입실 : 노크를 하고 들어가서 조용히 문을 닫는다.

"안 녕 하 십 니 까? 000입니다."라고 자신감 있게 앞을 보면서 말한다.

"입니다."까지 말이 끝난 후에 45도로 인사한다.

⬇

의자 앞으로 이동 : 면접관이 자리에 앉으라고 하면,

"네, 감 사 합 니 다."라고 말하면서 가볍게 목례를 한다.

⬇

착석 : 자리에 앉을 때 엉덩이를 움직이면서 고쳐 앉지 말고, 속으로 하나, 둘, 셋 숫자를 세면서 앉는다.

하나 – 엉덩이를 의자 끝으로 붙이며 앉는다.

둘 – 허리를 등받이에 기대지 않고, 곧게 세운다.

셋 – 남자는 가볍게 주먹 쥔 손을 무릎에 둔다.

여자는 오른손을 위쪽으로 가지런히 손을 모은다.

⬇

퇴실 : 면접이 끝나면, 의자에서 일어나

"감 사 합 니 다."라고 말하면서 가볍게 목례를 한 후에 나온다.

인사하는 장면을 녹화해서 보려면, 정장을 입고 녹화하십시오. 면접장에서 나의 모습을 상상하는데 도움이 됩니다. 또한, 집에서 입고 있는 복장으로 인사를 했을 때 인사가 자칫 딱딱하다고 느껴질 수 있습니다. 한복을 입었을 때는 얌전한 걸음걸이가 어울리고, 힙합 의상을 입으면 스웨그 있는 동작이 어울리고, 집에서 입는 옷을 입으면 편하게 쉬는 자세가 어울립니다. 정장을 입었을 때는 그에 맞는 인사가 가장 보기 좋다는 것을 녹화 영상을 통해서 확인하시기 바랍니다.

2가지 이상의 면접 전형이 하루에 진행되면, 대기 시간도 길고 장소 이동도 있습니다. 그러다보면 대기실이나 복도, 화장실 등에서 사람들을 많이 마주치게 됩니다. 그럴 때 모른척하지 마시고 밝게 인사를 건네시기 바랍니다. 진행 팀에게 인사를 하면서 불필요한 질문을 하거나, 지원자들과 오래 이야기를 하지 않도록 합니다. 인사 예절 지키는 것까지만 해 주세요.

12주 3. 군더더기 없는 깔끔한 면접으로 합격합시다.

면접 질문을 100% 예상해서 준비하는 것은 불가능에 가깝습니다. 그렇다보니, 실전에서 모르는 질문, 난감한 질문, 헷갈리는 질문 등 우리를 힘들게 하는 상황이 발생할 것도 대비해야 합니다. 진정으로 준비된 지원자라면 난관에 부딪쳤을 때 의연하게 대처하는 모습을 보여줘야겠죠.

● 여럿이 들어갔을 때, 다른 지원자가 답변을 하고 있습니다. 우리는 어떤 자세와 표정이어야 할까요?

경청하는 자세가 좋습니다. 그렇다고 고개를 과하게 끄덕끄덕하는 모습보다는 경청만 하거나, 1번만 가볍게 끄덕하면 되겠습니다. 표정은 항상 미소를 머금고 있으면 됩니다. 간혹 면접관이 옆 사람의 답변에 대해 어떻게 생각하는지 물어보기도 합니다. 그때를 대비해서 듣지 않고 고개만 끄덕이는 것은 안 됩니다.

● 면접관이 옆 사람의 의견에 대해서 나의 의견을 물어본다면, 부정적인 단어를 먼저 쓰지 마십시오. 나와 생각이 다른 경우에도 " 틀렸다고 생각합니다."라는 표현보다는 "같은 상황을 저와는 다르게 접근하셨던 것 같아서 흥미롭게 들었습니다."처럼 상대방의 답변을 깎아내리는 말은 하시면 안 됩니다.

● 지식을 묻는 질문에서

i) 전혀 모르는 질문일 때 : 솔직하게 모른다고 답변합니다. 변명은 절대 금물입니다.

ii) 일부만 생각날 때 : 전체를 포기하거나 전체를 아는 척하시면 안 됩니다. 아는 만큼은 명확하게 답변하십시오. 예를 들면,

서론에서 " 5가지가 있습니다. 그 중에 3가지만 확실하게 알고 있습니다. 말씀드리겠습니다." 결론에서 "더 노력해서 5가지 모두 알 수 있도록 하겠습니다." 라고 답변하시면 됩니다.

iii) 순간적으로 생각이 정리가 안 되었을 때 : "죄송합니다. 잠시 생각할 시간을 주십시오."라고 양해를 구하면 됩니다.

● 나의 답변에 대해서 일부를 지적 받았을 때,

i) 단답형 질문에서 지적을 받았을 때 : 솔직하게 인정합니다. 변명

은 절대 금물입니다.

ii) 딜레마, 토론 면접처럼 일부 지적이 전체 주장에 영향을 미칠 때 : 지적을 받은 일부의 실수를 인정하고, 그래도 전체 주장에 변함이 없음을 밝힙니다. 만약에 실제로 전체 주장에 변함이 있다면 생각이 변화된 과정을 논리적으로 답변합니다.

● 녹화 영상에서 내 눈동자를 봐 주세요.

생각을 할 때 눈동자가 위쪽을 쳐다보거나, 다른 사람이 답변을 할 때 바닥을 보는 것은 안 좋은 자세입니다. 눈을 보는 것은 "당신과 대화를 하고 싶어요."라는 눈빛 표현이기 때문에 면접장을 나올 때까지 면접관들의 눈을 고루 보셔야 합니다.

연습법이 있습니다. 인터넷 검색사이트 Google에서 'eyes'를 검색하면 다양한 눈이 나옵니다. A4용지에 눈만 가득 차게 출력을 할 수 있는데요. 서로 다른 사람의 어른 눈으로 3장 출력하십시오. 귀여운 아이 눈보다는 면접관다운 매서운 성인 눈이 효과적이겠지요. 출력한 3장을 어떻게 할지 눈치 채셨습니까?

의자에 앉았을 때 나와 눈높이가 맞도록 벽에 붙이면 됩니다. 연습할 때는 [서론–본론–결론]에 맞추어 [면접관 2–면접관 3–면접관 1]이렇게 골고루 봐주시면 됩니다.

주의사항 1 : 문장마다 면접관을 바꿔보는 것이 아니라 서론 끝나고 바꾸고, 본론 끝나고 바꾸는 방식으로 연습하시면 됩니다.

주의사항 2 : 면접관 1–면접관 2–면접관 3–면접관 1 ... 이렇게 순서대로 보면 어색합니다.

주의사항 3 : 서류를 안보고 있는 면접관 1명을 집중적으로 보시면 안 됩니다. 면접관도 사람입니다. 본인하고만 계속 눈을 마주치면 부담을 느낀다는 점 기억바랍니다.

면접이미지는 '면접 연습을 시작해 볼까?'라는 생각만으로도 허리가 곧게 펴질 수 있어야 합니다. 이것은 7장을 정독했다고 해서 되는 것도 아니고, 며칠 집중적으로 연습했다고 해서 가능한 것도 아닙니다. 정독을 하면서 책의 내용을 이해하고 → 영상을 통해 개선할 점을 찾아서 기록한 후 → 얼마 동안의 시간 간격을 두고 → 반복하는 작업이 필요합니다. 무엇보다 중요한 것은 10장 연습을 시작할 때는 4주, 8주, 12주에서 했던 것처럼 모의 면접답게 '진짜 면접장이다. 오늘 연습한 대로 면접장에서 그대로 하게 될 것이다.'라는 마음가짐으로 임해야 한다는 겁니다. 그래야만 평소 집중 연습을 했던 모습이 무의식중에 참 괜찮은 지원자로 보여 지게 될 것입니다.

interview

8장 면접 목소리

8장은 최소한의 분량으로 최대의 효과를 낼 수 있도록 거듭 수정했습니다. 3개월 동안 꾸준한 학습을 통하여 면접 목소리를 잡으시기 바랍니다. 목 보호를 위해서 미지근한 물을 옆에 두고 수시로 마시면서 하세요.

30~60분 소요

10분 : 발음
10분 : 문장
10분 : 실전 연습

□ 준비운동

'아, 에, 이, 오, 우' 입을 크게
입술보다 입술 주변 근육을 움직인다는 느낌으로 5회 반복

입술을 붙이고, '우' 발음하듯이 내밀어서 돌린다.
시계방향으로 5바퀴, 시계반대방향으로 5바퀴 반복

입술을 붙이고, 혀의 힘을 뺀 상태로 잇몸과 볼을 훑는다.
잇몸을 시계방향으로 5바퀴, 시계반대방향으로 5바퀴 반복
혀끝을 붓이라고 생각하고 볼에 페인트칠 하듯이 위아래로 훑는다.

윗니와 아랫니를 사용해서 혀를 살살 씹는다.

눈에 힘을 주고, 환한 미소 1분 유지하기

□ 10분 발음

※ 입술을 최대한 위, 아래로 크게 합니다. × 2회 반복

가 나 다 라 마 바 사 아 자 차 카 타 파 하

※ 한 음절 한 음절 정확한 발음이 되도록 천천히 합니다.

각 갈 감 갑 강 낙 날 남 납 낭
닥 달 담 답 당 락 랄 람 랍 랑
막 말 맘 맙 망 박 발 밤 밥 방
삭 살 삼 삽 상 악 알 암 압 앙
작 잘 잠 잡 장 착 찰 참 찹 창
칵 칼 캄 캅 캉 탁 탈 탐 탑 탕
팍 팔 팜 팝 팡 학 할 함 합 항

※ 입술 힘을 빼고, 얼굴 근육을 최대한 사용한다는 느낌으로 발음합니다.

가 게 기 고 구 나 네 니 노 누
다 데 디 도 두 라 레 리 로 루
마 메 미 모 무 바 베 비 보 부
사 세 시 소 수 아 에 이 오 우
자 제 지 조 주 차 체 치 초 추
카 케 키 코 쿠 타 테 티 토 투
파 페 피 포 푸 하 헤 히 호 후

□ 10분 문장

입술은 위, 아래로 크게 벌립니다. '아' 발음은 손가락 2개를 세워서 들어갈 수 있을 정도로 위, 아래로 크게 벌립니다. 치과에서 하듯이 좌, 우로 벌리는 것이 아닙니다. '아파트', '아저씨' 라고 평소처럼 편안하게 발음하면, 입술이 위, 아래로 벌어지는 것을 알 수 있습니다.

아래의 문장을 한 음절씩 입을 크게 벌려서 발음합니다.

밑줄 있는 것은 모두 '아'를 단독으로 발음할 때 크게 벌린 입모양과 똑같은 크기여야 합니다.

3번은 한 음절씩 발음하고, 1번은 문장으로 읽습니다.

('아. 가. 씨. 가. 가. 마. 를. 타. 다. 아. 가. 씨. 가. 가. 마. 를. 타. 다. 아.가.씨.가.가.마.를.타.다. 아가씨가 가마를 타다.'와 같이 한 음절마다 정성을 가득 담아서 3번 정확하게 발음한 후 문장으로 1번 읽습니다.)

아가씨가 가마를 타다.
남산타워는 사람들이 자랑하는 곳이다.
강하고 단단하게 만들었다.
안녕하세요. ○○○입니다.

※ 내 이름의 마지막 음절에 받침이 없으면, ' ㅂ '붙여서 발음합니다.

예) 김윤아 – [안녕하세요. 김윤압니다.]
김윤석 – [안녕하세요. 김윤석입니다.]

□ 10분 실전연습

신문 기사
면접 답변
직무 관련 지식

※ 한 가지를 선택하여 실전연습할 지문을 준비합니다.

※ 선택한 지문 중에서 짧은 문장 위주로 5문장만 형광펜으로 표시합니다.

→ 형광펜 표시된 부분을 한 음절씩 입모양을 크게 발음합니다. × 2회 반복

→ 형광펜 표시된 5문장을 읽되, 한 음절씩 발음할 때처럼 정확한 발음에 신경 쓰면서 문장으로 읽습니다. × 1회

→ 전체 지문을 실전 면접처럼 답변합니다. × 1회

〈면접 목소리 연습하는 날마다 날짜와 학습한 내용을 기록하세요.〉

날짜	학습 내용	날짜	학습 내용

interview

9장 최종 점검

[면접 1주일 전]

– 헤어 상태 확인

– 의상 결정

– 모의 면접 진행

– 철저한 목 관리

– 규칙적인 생활

– 헤어 상태 확인

면접 전에 미용실에 갈 예정이라면, 늦어도 면접 3일 전까지는 다녀오세요. 내 눈에 익숙할 시간이 필요하기 때문입니다. 남자 분들은 대부분 깔끔하고 단정하게 다듬는 것을 하시는데요. 그러다보니, 학생 때 하던 이마를 덮는 앞머리가 짧아지면서 어색해합니다. 면접 당일 마음에 안드는 머리가 계속 신경 쓰여서 자신감에 조금이라도 영향을 미치지 않도록 미리 준비하세요.

머리 길이에 대해서 잠시 말씀드렸지만, 남자는 이마가 70%이상 보이도록 하는 것을 권장합니다. 두꺼운 안경테는 얼굴을 많이 가리기 때문에 얇은 안경테나 렌즈를 하시되 렌즈는 평소에 하던 분들이 하셔야 혹시 모를 부작용을 피할 수 있겠지요.

여자는 헤어 규정이 있는 특정 직군을 제외하고는 정장을 입고 머리를 확인한 후에 어떻게 할 것인지 결정하시기 바랍니다. '머리를 묶어야 하나요?', '길이는 어느 정도가 좋을까요?'라는 질문에 정해진 답은 없습니다. 정장을 입고 거울 앞에 섰을 때, 머리가 단정한지 봐 주시면 되겠습니다. 거울을 봤는데, 머리가 가장 먼저 눈에 들어온다면 단정한 것이 아니겠지요? 예를 들어, 단발머리라도 심한 웨이브라면 묶는 쪽이 좋겠지요. 이마가 70% 이상 보여야 하는 것은 여자도 마찬가지입니다.

어떻게 개선하시겠습니까? → 개선 된 상태를 사진으로 찍고 최종 확인바랍니다.

남녀 모두 면접 당일에 머리로 신경 쓰지 않도록 하십시오. 평소에 사용하지 않았던 스프레이, 매직기, 왁스 등을 사용할 거라면 '지금상태에서 어떻게 변화를 줄 것인가?' 위의 칸에 작성을 하고, 이틀에 한 번씩 아침에 그 머리를 해서 익숙해지세요. 완성된 머리는 사진으로 찍어서 객관적인 시선으로 더 개선해야 할 부분이 있는지 확인바랍니다. 예비 롤모델다운 느낌이 나는지 봐 주세요.

– 의상 결정

대여를 계획한다면 면접 날짜가 확정 되자마자 대여 장소에 가셔서 직접 입어보고, 예약까지 완료하셔야 합니다. 간혹 전화로 평상시 입는 옷 사이즈로 예약하는 경우가 있는데요. 꼭 방문하셔서 기장이 맞는지, 옷 깨끗한지, 나에게 어울리는 색상인지 꼼꼼하게 확인하시기 바랍니다.

본인의 옷으로 입을 거라면, 체중 변화로 인해서 옷이 불편할 수 있습니다. 1주일 전에는 입어보고 수선할 곳이 있는지 확인하세요.

– 모의 면접 진행

고등학교 3학년 때 모의수능시험 봤던 기억나시나요? 하루 수업을 모두 빼고, 실제 수능과 똑같은 시간으로 시험을 봅니다. 규칙적인 연습은 실전에서 허둥지둥 하지 않도록 도와줍니다.

면접 1주일 전부터는 답변 연습은 물론이고, 입실부터 퇴실까지 전체적인 연습이 필요합니다. 예상 문제 5개를 종이 5장에 적습니다. 제비뽑기 하듯이 적은 것이 안보이게 접어서 의자 앞에 둡니다. 구두를 신어야 하므로 바닥에 신문지를 깔아 줍니다.

의상, 헤어, 구두 준비가 끝나면, 입장 → 인사 → 답변 → 인사 → 퇴실 과정을 녹화하면서 진행합니다. 녹화한 것을 3회 이상 보면서 개선사항을 찾습니다. 녹화는 3번 이상 보셔야 합니다.

– 미지근한 물 마시기

겨울이 아니라도 취업 준비로 인해서 면역력이 떨어져 있을 수 있습니다. 거기에다가 면접을 앞두고 목을 많이 사용하고 있기 때문에 목 보호가 필요합니다. 방법으로는 면접 당일에 목소리가 갈라지거나 감기가 걸리는 일이 없도록 미지근한 물을 수시로 마셔주세요. 고개를 젖히고 천장을 본채로 10초 유지하는 스트레칭도 공부 중에 수시로 하시면 좋습니다. 목주름 예방에 좋다고 해서 여대생 분들이 많이 하시는데요. 주름 예방 외에도 목 관리에도 도움이 되므로 해보시기 바랍니다. 방이 건조하면 주무실 때 수건을 물에 적셔서 걸어놓거나, 대야에 뜨거운 물을 담아두는 것도 도움이 됩니다.

면접 당일에 대기실에 가면 지원자들이 드실 수 있도록 차가 준비되어 있기도 한데요. 커피나 녹차는 입 안을 건조하게 합니다. 자칫 면접장에서 답변을 하는데 불편함을 줄 수 있습니다.

커피나 녹차보다는 미지근한 물을 조금 마시는 것이 좋습니다.

– 1시간 남짓 걷기, 규칙적인 식사, 충분한 숙면

필기시험을 벼락치기 하듯이 밤새는 준비방법은 면접 당일에 피곤하게 보이고, 집중력이 떨어질 수 있습니다. 현명한 면접 준비는 면접 당일 심신이 최상의 상태가 되는 것입니다. 그러기 위해서는 매일 1시간 남짓 걷기, 규칙적인 식사, 충분한 숙면이 필요합니다. 걷기 효과는 대중 매체를 통해서 많이 알려져 있는데요. 그런 일반적인 이유도 좋지만, 걷다보면 면접 내용이 정리가 되고, 시뮬레이션 하듯이 입실에서 퇴실까지 그림을 그려보면 앞으로 어떤 점을 더 준비하면 좋을지 집이나 도서관에서는 안 나오던 아이디어도 나오기 때문에 권하고 싶습니다. 그래서 가능하면 시끄러운 곳을 걷기 보다는 집 근처 공원처럼 조용한 곳을 오후에 걸으면 좋습니다. 면접에 대한 걱정이 많으면 1시간의 걷는 시간이 아깝게 느껴지기도 합니다. 저는 그럴수록 걷기를 통해

여유를 가져보셨으면 좋겠습니다. 지엽적인 답변이 나오지 않도록 감정조절을 스스로 하셔야 할 시기입니다.

[면접 하루 전]

– 교통편 확인

– 준비물 확인

– 시뮬레이션

– 교통편 확인

집합시간과 대중교통 종류에 따라서 이동 시간 차이가 큽니다. 지하철만 이용하는 것이 아니라면 밀리는 것을 감안하여 출발 시간을 정하십시오. 최근에 면접에 늦은 학생은 면접 전날 지도 검색사이트에서 소요시간을 보고 30분 더 여유를 두고 출발했다고 합니다. 그 지도를 검색한 시간은 오후였고, 뒷날 집합시간은 오전 9시였습니다. 실시간 교통상황을 반영해서 나오기 때문에 오후에는 안 밀렸던 겁니다. 호명되기 전에 도착이 되어 면접 기회가 박탈되지는 않았지만, 안타깝게도 불합격했습니다. 지각이 불합격에 영향을 미쳤는지는 알 수 없지만, 면접 보는 내내 '떨어지겠구나.'라는 생각만 들었다고 합니다. 반드시 시간을 준수해 주십시오.

– 준비물 확인

'가방은 꼭 들어야 하나요?', '가방이 작은데 종이봉투도 함께 들어도 되나요?' 라고 소지품을 넣어가는 가방에 대해서 질문하는 분이 의외로 많습니다. 결론부터 말씀드리면, 가방의 종류는 상관이 없습니다.

남자 – 휴대전화, 지갑 정도만 소지할 경우에 호주머니가 많은 외투를 입는 겨울이면 크게 상관이 없겠지만, 보통은 면접을 볼 때 소지품을 넣어둘 가방이 필요합니다. 또한, 볼펜과 메모지, 수험표 등 소지품이 많지는 않아도 호주머니 보다는 가방 1개에 모두 넣어두는 것을 권합니다.

여자– 7cm 굽의 구두가 익숙하지 않은데도 불구하고 집에서부터 신고 가는 분이 있는데요. 면접 보기 전에 몸이 힘들어지기 때문에 부피가 작고 편한 신발을 신고, 구두는 가져가는 것을 권합니다. 갈 때는 구두를 종이봉투에 넣으시는 것은 상관없으나, 신고 간 신발은 가방에 들어갈 수 있도록 부피 작은 신발로 골라주세요. 신발은 면접 보는 건물에 들어가기 전에 바꿔 신으시면 됩니다. 남자보다 가방에 넣을 물건이 많은 것은 맞습니다만, 그래도 가방 1개로 부족하지는 않습니다. 불필요한 것이 없는지 보셔서 가방은 1개로 만들어주세요.

– 시뮬레이션

면접 전날은 새로운 것을 연습하거나, 목을 많이 사용하지 마십시오. 이 책의 1,2,3 단계에 적었던 내용을 차례대로 보면서 '1단계 때 이런 생각을 했었구나. 얼마 전에 추가한 내용이 뭐였지?'처럼 전체를 훑어보세요. 1단계 [4주], 2단계 [8주],3단계 [12주]를 복습할 때는 실전처럼 큰 소리로 하지 마시고, 앞 사람과 대화하는 정도 크기로 말하시면 됩니다. 그동안 찾은 추가 정보에 대한 자료들도 차분하게 읽으면서 그 자료에 대한 나의 생각은 어떠한지 머릿속으로 정리합니다.

interview

10장
실전까지 연습 방법: 매일 30분

[1단계, 2단계, 3단계, 면접 이미지, 면접 목소리]를 모두 끝마치느라 고생하셨습니다.

이제 어떤 예상문제도 나다운 답변으로 만들 수 있는 '면접어'라는 장비를 장착하셨기 때문에 장비사용이 익숙해질 수 있도록 매일 2문제씩 연습하십시오. 예상문제, 기출문제, 인성, 딜레마, 지성 등 어떤 면접 질문이라도 좋습니다. 오늘은 인성 질문을 하고 내일은 지성질문을 하겠다는 규칙성이 없어도 됩니다. 한 가지만 지켜주십시오. 질문에 답변하는 회사와 직무가 무엇인지 설정 후에 답변한다는 점만 기억해주십시오.

지원서를 접수하고 있다면 매일 2문제를 하고, 3~6개월 사이에 지원할 분들은 시간여유가 있기 때문에 주 2회로 규칙적으로 연습하시면 되겠습니다. 3개월 동안 함께 해 온 이 책은 이제 면접에서 답변하게 될 나만의 이야기가 가득 적혀있는 귀한 자료입니다. 연습할 때는 옆에 항상 두고 참고하십시오. 흐름과 내용을 재정비하는 작업으로 월 1회는

4, 5, 6장을 몰아서 복습하십시오.

2문제 예상 소요시간은 30분입니다.

〈30분〉

준비 : 얼굴 근육 풀어주기

10분 : 질문 2개 답변정리

10분 : 질문 2개 녹화 및 분석

10분 : 질문 2개 재녹화 및 개선사항 기록

마지막으로 답변 쓰는 방법을 말씀드리겠습니다.

우리가 1장부터 답변을 적는 곳이 많았는데요. 단어만 적으셨나요? 문장으로 적으셨나요?

단어와 문장의 중간쯤으로 빠르게 작성하신 분도 많으시죠?

많은 취업 준비생들과 면접으로 씨름을 하면서 고안하게 된 답변 쓰는 방법이 있습니다. 이렇게 말씀드리면, "그 방법을 1단계에서 진작 알려주시지 왜 지금 알려주시나요?"라고 질문하는 분도 있으실 겁니다. 이 방법은 누구나 할 수 있고 새로울 것도 없어 보입니다. 하지만 그것을 제대로 활용할 수 있는 능력은 3단계 정도가 되어야 가능하기 때문에 이 책의 마지막에 안내드리게 되었습니다. 이제 기본기를 잡고 예상 문제를 연습하는 만큼, 아래의 방법을 적극 활용하여 좀 더 명답이 되는데 도움 되기를 응원하겠습니다.

방법은 간단합니다.

답변은 조립이 가능하도록 기록하라

서랍 2개가 있습니다. 2개 모두 서랍이 꽉 찼습니다.

왼쪽 서랍 : 4개의 칸으로 나뉘어 있습니다. // 오른쪽 서랍 : 1개의 칸입니다.

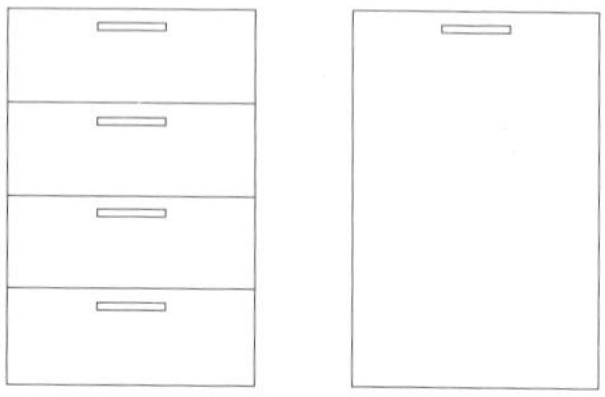

서랍 전체 크기는 좌, 우 동일합니다.

왼쪽서랍은 4개 칸이 있어서 밑에서부터, 머리끈, 문구용품, 건전지, 생활용품 순서로 있다고 합니다. 오른쪽 서랍은 같은 내용물이 1개의 칸에 모두 들어있습니다.

어느 날 짝사랑하는 친구가 집에 있는 컴퓨터를 고쳐주려고 오는데, 깔끔한 이미지를 보여주고 싶어서 친구가 오기 전에 집 청소도 했습니다. 그 친구가 "컴퓨터 메인보드에 있는 건전지를 갈아 끼우면 되겠는데. 건전지 빨리 줘봐."라고 말합니다. 어느 쪽 서랍이 건전지를 쉽고 빠르게 찾을까요? 건전지를 받은 친구가 문구용품, 생활용품도 찾아달라고 합니다. 시간이 갈수록 난감한 표정을 짓는 쪽이 있다면 어떤 서랍을 사용 할 때일까요?

그렇죠. 오른쪽 서랍입니다. 오른쪽은 어디쯤 물건이 있는지 알아도 소용이 별로 없습니다. 위에서부터 꺼내면서 찾아야 하기 때문이지요. 반면에 왼쪽은 4개로 나뉘어 있고, 서랍을 열었을 때도 상대적으로 깊이가 얕기 때문에 단시간에 빠르게 찾을 수 있습니다. 오른쪽서랍을 사용하면 깔끔한 이미지를 주는 것은 어려울 것 같지요?

면접 쓰는 방법도 마찬가지 원리입니다.

1개의 질문에 서론–본론–결론으로 답을 하지만, 본론 1의 경험을 다른 질문에도 사용할 수 있습니다. 본론과 결론 모두 별도로 활용할 수 있다는 것을 1, 2, 3단계 과정을 통해서 학습했는데요. 그럼, 연습을 할 때 서론, 본론, 결론을 1개의 서랍으로 연습하고, 실전에서 본론 1 부분만 필요해서 이야기하려고 한다고 해보겠습니다. 서론, 본론, 결론이 하나의 실처럼 되어있기 때문에 필요 없는 서론 부분을 걸러내는 작업을 머릿속으로 해야 합니다. 본론 부분에서 첫 문장이 무엇이었는지 기억을 더듬고 답변을 해야 하는 사람으로서는 부담이 될 수 있습니다. 그래서 우리는 서론 칸, 본론 칸, 결론 칸으로 별도의 서랍을 만듭니다. 서랍 구분은 작성법으로 할 수 있습니다.

그렇다면 작성은 어떻게 할까요? 문장으로 적을까요?

문장으로 적는 것은 반대합니다. 왜냐하면 문장으로 쓴 것을 반복해서 읽거나 암기를 하게 되면, 문어체와 같은 느낌을 줘서 자연스러워 보이지 않습니다. 그렇다고 단어만 적는 것도 아닙니다.

내가 읽고 내용을 유추할 수 있을 정도로 작성하시면 됩니다. 어절 2개 정도와 화살표 등을 활용할 수 있고, 단어를 나열해서 적으셔도 좋습니다.

예		
	서론	단순 봉사 × → 재능 기부 느낌
	본론 1	(경험) 3년 꾸준히 봉사활동 중
	본론 2	밤새 준비–안 피곤
	결론	내 분야의 프로가 되겠다는 굳은 결심

처음 연습할 때는,

i) 답변을 20초로 합니다. 작성한 것 위주로 흐름만 유지하면 20초가 됩니다.

ii) 답변을 1분으로 합니다.

iii) 서랍을 바꿔서 1분으로 합니다.

(서론-본론 2-본론 1-결론), (서론- 다른 서랍- 결론)

다른 서랍은 3단계 - 11주 에 있는 총알 10개 중에서 활용하면 됩니다.

2개의 질문을 i) ii) iii) 순서를 지켜주십시오.

답변은 i , ii , iii 순서대로 하고, 녹화 및 분석은 iii만 합니다.

마지막으로 정리하겠습니다.

준비 : 얼굴 근육 풀어주기
10분 : 질문 2개 답변정리
10분 : 질문 2개 녹화 및 분석 ─ i , ii , iii 순서대로 답변, / iii 에서 녹화 및 분석
10분 : 질문 2개 재녹화 및 개선사항 기록

- 여러분의 건투를 기원합니다. -

〈질문 〉

서론 :

본론 1

본론 2

결론

〈질문 〉

서론 :

본론 1

본론 2

결론

〈질문 〉

서론 :

본론 1

본론 2

결론

〈질문 〉

서론 :

본론 1

본론 2

결론

〈질문 〉

서론 :

본론 1

본론 2

결론

취업준비생을 위한 면접가이드
면접공략 12일

발 행 일	2024년 3월 5일 개정2판 1쇄 인쇄 2024년 3월 20일 개정2판 1쇄 발행
저 자	김윤아
발 행 처	크라운출판사 http://www.crownbook.com
발 행 인	李尙原
신고번호	제 300-2007-143호
주 소	서울시 종로구 율곡로13길 21
공 급 처	(02) 765-4787, 1566-5937
전 화	(02) 745-0311~3
팩 스	(02) 743-2688, 02) 741-3231
홈페이지	www.crownbook.co.kr
I S B N	978-89-406-4819-3 / 13320

저자협의 인지생략

특별판매정가 15,000원

이 도서의 문의를 편집부(02-6430-7019)로 연락주시면 친절하게 응답해 드립니다.